Gebhard Kohler Theresia F. Honda Detlef Willand

KIMYŌ ▪ Band I

Umkehr – Zurück zum Leben

Gebhard Kohler   Theresia F. Honda
Detlef Willand

KIMYŌ

Band I
Umkehr – Zurück zum Leben

eos

Bibliografische Information der Deutschen Bibliothek
Die Deutsche Bibliothek verzeichnet diese Publikation
in der Deutschen Nationalbibliografie; detaillierte bibliografische Angaben
sind im Internet unter http://dnb.ddb.de abrufbar
ISBN 978-3-8306-7274-8

泰山

Kalligraphie „Kimyō“
von Sengoku Taisan Rōshi (仙石泰山老師):
Kanchō (Leiter) der Ōbaku-Zen-Schule

Inhalt

Anstatt eines Vorwortes

Das Verwiesen-sein allen Lebens zu ergründen ist Schlüssel und Weg, um Sinn und Bedeutung des Daseins ins Blickfeld zu rücken. Alles, was ist, ist über sich hinaus verwiesen; nichts ist ohne ein Anderes, ohne auf sein Voraus – letztlich auf das Andere schlechthin – rückverwiesen zu sein. Weshalb ist es für uns so schwer, ja äußerst mühsam, dies als Wirklichkeit erkennend anzunehmen!

Im Ganzen des uns natürlich erhaltenden Wirk-Feldes der Schöpfung, in das wir eingebettet sind, veranschaulicht sich uns das Verwiesen-sein, das aufeinander und über sich hinaus Angewiesene, dessen verursachendes Moment sich in allem spiegelt, um mittels seiner Manifestation uns wachzurufen für das von uns zu verantwortende Leben, auf dass unser Dasein die ihm gemäße Gestalt gewinne.

Das die Natur waltende Moment der Stille weist zeichenhaft über sich hinaus; diese Stille wird durch die in ihr im Hier und Jetzt wirkend sich vergegenwärtigende Spannkraft erfahren. Das hier Wahrgenommene der geheimnisvoll gespiegelten Stille will uns – ausgerichtet auf die die Stille verursachende und sie waltende Lebens-Kraft, auf das Raum-Zeit-Enthobene – die Spur zum Leben weisen.

Ist die hier wahrgenommene Kraft der Stille auch nicht durch ein Moment des Erleidens geprägt: die verlorene Ausgewogenheit der Natur, das in ihr waltende Wider-sein! Letztlich ist es ihre erduldete Verobjektivierung durch den Menschen, indem er die Natur – ja alles – seinem mehr oder weniger ausschließlichen Nutzer-Anspruch unterwirft. Dieses Erdulden spiegelt das Leben-an-sich, sein So-sein mit unseren Missetaten, das das aus der Ich-Absicht gesteuerte Handeln duldend erleidet.

Dennoch bewahrt die Natur in Bewegung ihre verhaltene Stille. Eben darin offenbart sich die ihr zugrunde liegende Spannkraft, ihr Moment authentischer Dynamik: die Manifestation des Lebens. Ihre Dynamik weist hin als ein Zeichen des Lebens auf dessen All-Gegenwart, in der sich unser Dasein aus Achtsamkeit und Ehrfurcht ereignen soll.

Achtsamkeit lässt uns dem begegnen, was ist, und Ehrfurcht öffnet für dessen Verwiesen-sein. Die Begegnung in Ehrfurcht will aus der elementar-täglichen Erfahrung der Notwendigkeit, ernährt zu werden, in uns ein natürliches Empfinden des Verwiesen-seins wachrufen; verbunden mit der in allem wirkenden Lebens-Kraft führt sie uns auf dem Weg zum Erwachen. Soll die Lebens-Kraft sich selbst und so ihres Verwiesen-seins bewusst werden, dafür ist sie auf das uns angemessene und unser Leben erhaltende Empfangen verwiesen: der Atem, der die Lebens-Kraft durchwaltet, ist Medium, der den Körper belebt, das Bewusstsein entgrenzt und den Geist befreit. Den Körper nämlich, eingebunden in die Materie, prägt für sein Erhalten-werden das Verlangen nicht nur nach den Kräften der Natur, sondern nach der Einheit mit dem Bewusstsein und dem Geist; das beeinträchtigte Bewusstsein soll entstört werden und der Geist sein Verwiesensein in Freiheit dankbar annehmen.

Das dreifache Erhalten-werden, nach dem unser Dasein verlangt, ist: das Leben aus der Materie, das Leben aus dem Geist und das Leben aus der Lebens-Funktion, die mit dem Leben-Selbst korrespondiert. Durch die Dynamik, die dieses Akt-Feld waltet, will für uns der innerste Lebens-Impuls manifest werden. Ignoriert der Mensch diese Ordnung, die seinem Leben zugrunde liegt, dann kann für ihn das sein Leben Waltende nicht vollgültig wirksam werden. Wenn wir essen, essen wir Leben, dies, um zu leben. Essen wir dankbar in der inneren Haltung, dass Leben sich uns schenkt, damit wir leben, dann wird die Nahrung wirksam wie das uns ganzheitlich Ernährende, was ein tiefes Sinnbild für das Leben-an-sich ist.

Auch wenn die Natur als das Erhaltende unseres materiebezogenen Daseins verstanden wird, ist das ohne den anderen Aspekt nur ein Teil unserer vorgegebenen Lebens-Bedingungen mit ihr. Wird jedoch in der Beziehung zu ihr das uns Erhaltende nicht bewusst, dann ist sie uns ohne Schranken ausgeliefert; sie wird verfügbar und dadurch zum ausbeutbaren Objekt. Ist aber der erste Teil unserer Beziehung zur Natur bewusst und im handelnden Umgang mit ihr gegenwärtig, dann besteht die Chance, dass der noch nicht bewusst gewordene Aspekt sich im Umgang mit ihr uns auftut: das sie konstituierende und sie erhaltende Moment. Um mit dem uns umgebenden und in es hinein geborenen kosmischen Feld von Bezogenheiten in authentischer Weise in Beziehung treten zu können, ist das erwachte Dasein vorausgesetzt. Wir sehen, das unser Leben gelingen lassende Beziehungs-Feld ist gegeben, soll es für uns voll wirksam und fruchtbar werden, sind wir aufgefordert, uns einer Läuterung existentiell zu unterziehen, um fähig zu werden für ein mit dem Leben-an-sich gegebenes, von uns einzulösend verantwortetes Bezogen-sein.

Den Reichtum und seine Vielfältigkeit des in der Natur Gegebenen und das unser Leben Erhaltende für uns fruchtbar werden zu lassen, hat eben zur Bedingung, dass wir – erwacht durch sie – ihr unser Leben erhalten-wollendes Angebot empfangen. Ist diese von uns geforderte Grundhaltung, in offener, lauterer und dankbarer Absicht zu empfangen, nicht vorhanden, dann können die heilenden Kräfte, die in der Natur gegeben sind, nicht nur nicht wirken, sondern sie selbst bleibt vor dem sie Schädigenden nicht bewahrt.

Der Umgang mit den in der Natur gegebenen Kräften kann auch zu einer – oftmals mit pseudo-religiösen Motiven – vermischten Praxis führen. Opfer, die in diese Falle geraten, sind vor allem jene, die Hilfe suchen. Dies, aufgrund ihres Anfällig-seins für ein in Blendwerken gebundenes Handhaben ihrer Kräfte. Werden Kräfte der Natur dem Machen-wollen und dem Verfügen unterworfen, nimmt man ihnen sozusagen die

Möglichkeit, das mit ihnen für uns Gegebene, das das Leben Bewahrende und zum Gelingen Verhelfende, nicht wirksam werden zu lassen. Die aufrichtige innere Haltung im Umgang mit allem des Lebens schlechthin ist grundlegend, um mit dem Ganzen unseres Daseins – authentisch bezogen – unser Leben zu wirken.

Um das Bezogen-sein unseres Daseins authentisch zu verwirklichen, ist existentiell der Weg des Erwachens einzuschlagen. Hierfür ist das Überschreiten des mentalen, des imaginativen und des emotionalen Bewusstseins notwendig. Diese drei Vermögen, die den eigentlichen Schauplatz unserer erfahrenen Lebens-Problematik bergen, müssen auf dem Weg einsichtig werden, dies, indem sie sich reinigen. Durch das Auflösen der diesbezüglichen Dispositions-Felder ermöglicht sich das Heraus aus den Strukturen, die unser Leben für uns selbst und für andere mühsam erscheinen lassen. Wer aus der inneren und äusseren Verfasstheit seiner Problem-Welt heraus will, ist folglich genötigt, allem ich-zentrierten Intendieren entschieden die Stirn zu bieten.

Die hierbei zu bewältigende Hürde, auf dem Weg wach zu werden, ist das Vermischte des instrumentellen Bewusstseins, durch das die Suchenden leicht irregeleitet werden. Angebote, die Weg-Weisendes und zugleich Weg-Verhinderndes enthalten, können das Wahrnehmen täuschen, weil das hier Vermischte mit dem von wahr und falsch vermischten Erkennen korrespondiert, so dass die den Weg Gehenden die Gewissheit haben können, als würde der angebotene und eingeschlagene Übungs-Weg zum Ziel führen. Alle Wege, auf denen das vermischt widersprüchliche Wahrnehmen der Vermögen entstört werden soll, haben in sich die Gefahr, mittels Übungen – mehr oder weniger versteckt, ja uneinsichtig – das intendierte Entstören zu verhindern; die durch Übungen erzeugten Illusionen manipulieren das Erkennen nun mehr als zuvor.

Übungen, die innerhalb der instrumentellen Erkenntnis-Vermögen gebunden bleiben, mögen zwar ein seichtes Sich-sammeln erlauben, aber nicht ein Auflösen von Dispositionen, was dazu verleitet, einem Tausch der Illusionen aufzusitzen: die sich selbst suggerierte Vorstellung, als ließe sich damit das zu lösende Hindernis bewältigen. Aufgrund einer Verharmlosung des zu Lösenden steht oftmals das hierzu Investierte nicht in einem angemessenen Verhältnis, um von dem, was uns bindet, auf dem Weg der Umkehr befreit zu werden. Ausserdem treibt das Unvermögen, das missglückte Identifizieren zu durchschauen, die Suchenden der Wirkweise des Kollektivs – dem Zeitgeist – in die Arme.

Was ist das eigentliche Vergehen im Leben eines Menschen: die nicht aus dem Leben-Selbst und auf es hin erfüllte Lebens-Zeit! Alles ich-hafte Intendieren verhindert, unsere Lebens-Zeit in der authentischen Gegenwart, in Übereinstimmung mit dem Leben – frei von Objekten – zu füllen. Die erfüllte Lebens-Zeit lässt sich von der nicht erfüllten Zeit mittels der Koordination von vier Handlungs-Feldern unterscheidend verdeutlichen, bezogen auf sich selbst, die Anderen, die Schöpfung, das Leben-Selbst. In dem Maße, wie unser Handeln vom ausschliesslichen Selbst-bezogen-sein, von den Ich-Absichten, frei wird, öffnet es sich hin auf die Anderen und auf die Schöpfung, ja letztlich auf das Leben-Selbst. Das erfüllte Leben ereignet sich demnach in dieser dreifachen Ausrichtung der von uns in der Zeit zu setzenden Entscheidungs-Akte.

Nur soweit der Mensch von sich selbst frei wird, wird es ihm möglich, das zuvor erläuterte dreifache Bezogen-sein in seinem Handeln nicht aus den Augen zu verlieren; hier ist die einzulösende Grundbedingung, die ein Leben gelingen lässt, zu finden. Jene Koordination der vier Bezüge stellt die Handlungs-Felder dar für all das, was partikular als Sünde – die erstarrte Lava – bezeichnet und erfahren wird. Das partikulare Vergehen am Leben überhaupt hat in diesem Feldgraph seinen Ort: was immer der Mensch – in allen vier Fällen – auch tun mag, sein Handeln trifft zunächst ihn selbst, in keinem

Fall kann er davon unberührt bleiben. Das Maß für den Widerspruch der in der Zeit gesetzten Akte bestimmt sich aus der vermerkten Unstimmigkeit des Nicht-identisch-seins, was sich im Verhältnis zum Leben-an-sich signalisiert. Ist ein Handeln mit dem in Raum und Zeit freien Impuls aus dem Leben-Selbst gestimmt, dann ist der Handlungs-Akt in sich versöhnt, denn er hat seine Einheit gefunden.[1]

Um diese Art des Frei-geworden-seins handelnd einzulösen, dafür ist *Shugyō – Übung und Verzicht* – unerlässlich. Das ausgerichtete und am Leben orientierte Handeln, das sein Gelingen-lassen intendiert, setzt die Übung – Sammlung aller Wahrnehmungs-Vermögen – voraus. Der Verzicht richtet sich auf die Auflösung der fälschlich erzeugten Identifikations-Objekte, wodurch der Weg frei wird für unsere wahre Identifikations-Basis; das Identische eines Lebens kann nun unverfälscht manifest werden. Seine eigene Ehre nicht mehr zu suchen, ist letztlich der wahre Verzicht für den Menschen. Es gilt, zu erkennen, dass das Leben-Selbst hierfür der wahre Adressat ist, denn: „Eifersüchtig sehnt er sich nach dem Geist, der in uns Wohnung genommen hat".[2] Deshalb, ist unser natürliches Leben aufgehoben im übernatürlichen, dann löst sich das, was in unserem Leben Schaden stiftet: der Kampf der Leidenschaften. Soll das Geschädigte unseres Lebens in sein Heil-werden hineinfinden, sind wir hierfür in die Pflicht genommen, denn ohne unseren Anteil will dieses Werk nicht gelingen. Dann gilt "Ihr bittet und empfangt doch nicht, weil ihr auf üble Weise bittet, um es in euren Lüsten zu vergeuden" nicht mehr.[3]

Anmerkung

Die teilweise hier verwendete unübliche Begrifflichkeit ist hinsichtlich ihrer Bedeutung in Kimyō, Band II, themenspezifisch vermittelt; im vorliegenden Text soll es genügen, dass sich die Bedeutungen solcher Begriffe aus demKontext erschließen.

Über das Holzschneiden

von Detlef Willand

Seit gut dreißig Jahren mache ich mir so meine Gedanken über das Holzschneiden.

Der Holzschnitt ist ein uraltes Handwerk. Man nutzte in Holz geschnittene Muster zum Stoff bedrucken. Im Spätmittelalter kam das Papier auf und Künstler wie Dürer haben gezeigt, dass man darauf auch ernstzunehmende Kunst drucken kann.

Der Holzschnitt eignet sich vorzüglich zur Illustration. Die Dürer Blätter sind streng genommen ebenfalls Illustrationen, und auch meine Holzschnitte sind von Anfang an immer mehr oder weniger Illustrationen gewesen.

Ich bin ein Geschichtenerzähler und ich liebe gute Geschichten. Je märchenhafter und je symbolkräftiger, umso mehr mag ich eine Geschichte. Für mich sind gute Geschichten immer irgendwie mit der Seele der Menschheit verbunden. Illustrationen sollten das Seelenvolle, also die eigentliche Botschaft einer Geschichte betonen.

Es gibt Leute, die stören sich daran, dass Holzschnitte keine Unikate, sondern wiederholbar sind. Mich aber stört das überhaupt nicht. So wie der Märchenerzähler im Basar will ich meine Geschichte immer wieder erzählen können, solange sich jemand findet, dem sie gefällt.

Jeder Künstler muss einen eigenen Weg zu seiner Arbeitsweise finden. Manche Maler, Musiker oder Literaten berichten von einem Zustand, den man Schaffensrausch nennt. Der Holzschnitt lässt schon aus technischen Gründen so rauschartige Zustände nicht zu, dazu ist er zu handwerklich. Man muss den Entwurf seitenverkehrt auf den Holzstock zeichnen. Das Holz ist oft hart und wehrt sich gegen das Messer. Beim auf das Schneiden folgende Drucken des fertigen Stocks lauern die verschiedensten Hindernisse. Da muss gerade das richtige Papier für diesen Druck gefunden werden, und er muss hübsch passen. Ja selbst die Raumtemperatur sollte stimmen, damit die Druckerfarben die richtige Konsistenz zum Aufwalzen haben. Das alles kostet Zeit. Bis ein größeres Blatt zum ersten Mal abgedruckt wird, können oft viele Wochen vergehen.

Mit dem oben erwähnten Schaffensrausch, oder besser mit Spontanität hat vielleicht das erste Zeichnen des Entwurfs für einen Holzschnitt noch am meisten gemein.

Ich möchte auf die Spontanität gleich noch einmal zurückkommen.

Der Prozess von der Entwurfszeichnung bis zum fertigen Holzschnitt braucht also seine Zeit. Eine Zeit, die mit dem Wachsen und Reifen von Pflanzen vergleichbar ist.

Heute haben wir im Allgemeinen keine Zeit mehr um zu wachsen und zu reifen. Selbst Rentner sind stolz, wenn sie von sich sagen, sie seien im Unruhestand. Alles muss so schnell wie möglich gehen. Horst Janssen sagte einmal: Das geht heute alles so schnell vorwärts, da gehe ich lieber gleich rückwärts.

Der Holzschneider muss sich für seine Arbeit Zeit nehmen können. So hat er Zeit zum Nachdenken.

Zum Ausgleich gegen die Langsamkeit des Holzschneidens zeichne ich mit Buntstiften in Windeseile kleine Blätter – etwa auf Bergtouren oder auf Reisen. Wenn ich in irgendeiner Stadt an einer belebten Straße Posto gefasst habe und so eine kleine Zeichnung kritzele, dann ist um mich alles in Bewegung. Die Menschen laufen eilig hin und her, der Verkehr braust, das Licht wechselt und manchmal fängt es auch noch an zu regnen. Es regnet auf meine Zeichnung, was mich zu noch größerer Eile treibt. Da gibt es kein Nachdenken über das, was ich eigentlich sehe, da ist nur das spontane Tun. Ich versuche zu treffen oder das kleine Blatt ist missglückt.

Die alten Griechen kannten Chairon den Gott des Augenblicks. Ihm sollte man vor dem Zeichnen ein Stoßgebet um Gelingen widmen. In der Werkstatt arbeite ich nur an den Holzschnitten, weil ich die Spontanität, den Schuss aus der Hüfte nur draußen erleben kann.

Wenn ich das Holzschneiden vorhin mit dem Nachdenken verbunden habe, so ist das vielleicht ein wenig missverständlich. Eigentlich denke ich nicht wirklich aktiv nach, sondern ich treibe etwas, was eher dem „Träumen" ähnelt, wie es die Indianer beschreiben. Es ist, als ob ich Töne höre, die nicht wirklich sinnlich hörbar sind, sondern in mir als eine unhörbare Melodie schwingen. Ich sehe, was real nicht sichtbar ist, ich versuche zu erfühlen, wie der Geist des Lebens wie ein geheimnisvoller Wind über die Erde geht. Um das zu spüren, brauche ich Zeit und Geduld. Die Zeit und Geduld eines Jägers. Und nur allzu oft gelingt gar nichts außer Fehlschüssen auf dieser Jagd.

Um die geträumte und die reale Welt wahrzunehmen, bewege ich mich anscheinend auf zwei Ebenen, die aber in Wirklichkeit nur die zwei Seiten einer Medaille sind. Die eine Seite ist die, welche wir normalerweise als real bezeichnen, also unsere ganz gewöhnliche Welt. Das Radio liefert uns schon zum Frühstück einige Unglücke, nach dem Frühstück die täglichen Tabletten, dann ein paar Stunden Werkstatt, was brauche ich weiter aufzuzählen, wir kennen das Alles so oder so ähnlich. Das ist das „reale Leben", sagt man.

Das ist es aber nicht. Diese unsere Welt ist von irgendwelchen Leuten in Wirkliches und Unwirkliches, in Rationales und Irrationales, eingeteilt worden. Wobei die angeblich „rauhe Wirklichkeit" meist irgendwie mit Geld und Macht verstrickt ist.

Die „holzschneiderische Nachdenklichkeit" hat mich eine weit andere und weit realere Welt entdecken lassen. Eine Welt, die ungleich größer, fantastischer und bedeutender ist als die scheinbar „reale Welt". Es gibt sicher viele Menschen, die meine „Andere Welt“ im Prinzip ebenfalls kennen, aber ein ganz dem Rationalen Verschriebener wird sie für baren Unsinn halten.

Ich halte es dagegen mit dem Geheimrat Goethe, der im Faust über den Rationalismus spottet:

„Daran kenn ich den gelehrten Herrn!
Was ihr nicht tastet steht euch meilenfern,
Was ihr nicht fasst, das fehlt euch ganz und gar,
Was ihr nicht rechnet, glaubt ihr, sei nicht wahr,
Was ihr nicht wiegt, hat für euch kein Gewicht,
Was ihr nicht münzt, das, meint ihr, gäb es nicht.«

Eines der Tore zu dieser „Anderen Welt“ kann eine Religion sein, wobei es ganz egal ist, um welche Religion es sich handelt.

Ein weiteres Tor ist ganz gewiss die Kunst, ein drittes sind die Mythen der Welt. Alle drei Tore führen oft zu sehr gefährlichen Gefilden und dunklen Seelenlandschaften, wenn sie nicht richtig verstanden werden.

Das was mich fesselt, sind die unglaublichen Möglichkeiten dieser „Anderen Welt“. Aber sie sind eben, wie Goethe sagt, nicht fassbar, wir können Faszination nicht messen und nicht wiegen.

Wenn ich sage „Andere Welt“, so ist das gewiss kein glückliches Wort für das was ich meine. Der chinesische Weise Laotse nennt sie den Weg (Tao) in Ermanglung eines besseren Wortes, wie er sagt, und auch er spricht über die Unmöglichkeit diese „Andere Welt“ zu erklären.

Am Anfang des Taoteking steht:

Schau, er kann nicht gesehen werden – er ist flüchtig.
Lausche, er kann nicht gehört werden – er ist geräuschlos.
Greife zu, er kann nicht gehalten werden – er ist unfassbar.
Diese drei können nicht festgelegt werden;
Sie verschmelzen zu einem.

Der Weg, der mitgeteilt werden kann, ist nicht der ewige Weg.
Der Name der genannt werden kann, ist nicht der ewige Name.

Die Bilder in den Höhlen der Steinzeitjäger, sind so zwischen 20000 und 30000 Jahre alt. Das sind überhaupt keine ungeschickten Machwerke von Halbwilden, sondern sie zeigen die mythische Methaper Tier auf höchst künstlerischem Niveau. Diese Bilder hängen ohne Zweifel irgendwie mit religiösen Vorstellungen zusammen, die einen dahinter stehenden Geist beschwören. Deswegen spüren wir ihre Kraft und Faszination. Wie ich überhaupt der Meinung bin, dass die Qualität eines Kunstwerkes immer im Bezug zu einem geistigen Niveau, vielleicht besser gesagt, zu einer Art „Heiligen Geist" stehen sollte.

Ist im Kunstwerk dieser „spiritus sanctus" nicht da, dann ist es meist nur ein kitschiges Kunststück. Es ist auch dann ein kitschiges Kunststückchen, wenn es noch so virtuos gemacht ist. Virtuosität ist überhaupt meist gefährlich nahe am Rand des Kitsches.

Es gibt keine Kunstrichtung, ob alt oder modern, ob naturalistisch oder gegenstandslos, die nicht beides kennt Kitsch und höchste Meisterschaft. Selbst ein kleines, namenloses Hinterglasbild oder ein einfaches Lied, können großartige Kunst sein. Und es ist nur ein fast unsichtbarer aber unüberbrückbarer Graben der sie vom Kitsch trennt.

Ganz gut kann man das gerade beim Holzschnitt sehen. Da sind die großartigen Holzschnitte der Expressionisten des frühen zwanzigsten Jahrhunderts und dann der schreckliche Mist in den Lesebüchern meiner Kindheit, den die politischen Machthaber des Dritten Reichs verlangt haben. Kein Wunder, dass nach dem Zweiten Weitkrieg bei uns kein Mensch mehr Holzschnitte sehen wollte.

Erst durch die Holzschnitte HAP Grieshabers interessierte man sich in den Sechzigern bis in die Achtziger wieder mehr für diese Technik.

Für mich befindet sich die heutige Welt mehr und mehr in Gefahr. Sie befindet sich in Gefahr, weil sie eine intellektuelle und seelenlose Welt geworden ist. Und ich finde es schade, dass die im neunzehnten Jahrhundert stattfindende Industrialisierung und Kapitalisierung Europas der Romantik so brutal den Hals umgedreht haben. Ich glaube, da ist etwas in der kulturellen Entwicklung stecken geblieben, was wir nicht fertig ausgelebt haben. (Die Händler sind in den Tempel zurückgekehrt) Ich fände es gerade heute gut, wenn wir den Faden wieder aufgriffen und auf die Suche nach der blauen Blume und dem Einhorn gingen. Wir brauchen deswegen die naturwissenschaftliche, intellektuelle Welt nicht verdammen, nur sollte ein Ausgleich zu einer Mitte hin stattfinden

In den letzten Jahren veränderte sich die Welt aus meiner Sicht in einem atemberaubenden Tempo. Eine virtuelle Welt hat uns ergriffen, ob wir das wollen oder nicht. Eine Flut von Bildern stürzt sich jeden Tag über uns. Farben und Formen werden immer greller, lauter und schriller. Zeitschriften am Kiosk, im Wartezimmer, Reklamebilder auf Dosen, Flaschen, Plastiktüten. Bilder im Fernsehen. Überall Bilder, die sich versuchen gegenseitig zu übertreffen an Lautheit und Geschrei.

Dahinter steht eine Botschaft. Jeder Mensch will heute Anerkennung, Aufmerksamkeit und Belohnung für sein Ego gewinnen, nur ja keine kleine, graue Maus bleiben, egal mit welchen Mitteln dieses Ziel erreicht werden soll. Das Ego strebt den Gipfel an. Die Künstler sind die schlimmsten Egomanen. Ich weiß wovon ich rede.

Was also tun? Aufhören und umkehren und dann – was dann?

Nun, ich denke gerade diese rückständige Technik des Holzschnitts hat etwas mit Widerstand zu tun. Widerstand gegen die Seelenlosigkeit unserer Zeit. Vielleicht gegen den Strom schwimmen.

Mit meinen Holzschnitten will ich meine Geschichten vom Wunder des Urgeistes erzählen.

Widerstand gegen Seelenlosigkeit zu leisten lohnt sich, und mag es noch so aussichtslos scheinen.

Das Gleichnis vom verlorenen Sohn

Detlef Willand - Holzschnitte zu Lukas 15,11-32

Ein Mensch hatte zwei Söhne. Und der jüngere von ihnen sprach zu dem Vater: Gib mir, Vater, das Erbteil, das mir zusteht. Und er teilte Hab und Gut unter sie.

Und nicht lange danach sammelte der jüngere Sohn alles zusammen und zog in ein fernes Land; und dort brachte er sein Erbteil durch mit Prassen. Als er nun all das Seine verbraucht hatte, kam eine große Hungersnot über jenes Land, und er fing an zu darben und ging hin und hängte sich an einen Bürger jenes Landes; der schickte ihn auf seinen Acker, die Säue zu hüten. Und er begehrte, seinen Bauch zu füllen mit den Schoten, die die Säue fraßen; und niemand gab sie ihm.

Da ging er in sich und sprach: Wie viele Tagelöhner hat mein Vater, die Brot in Fülle haben, und ich verderbe hier im Hunger! Ich will mich aufmachen und zu meinem Vater gehen und zu ihm sagen: Vater, ich habe gesündigt gegen den Himmel und vor dir. Ich bin hinfort nicht mehr wert, dass ich dein Sohn heiße; mache mich zu einem deiner Tagelöhner!

Und er machte sich auf und kam zu seinem Vater. Als er aber noch weit entfernt war, sah ihn sein Vater, und es jammerte ihn; er lief und fiel ihm um den Hals und küsste ihn. Der Sohn aber sprach zu ihm: Vater, ich habe gesündigt gegen den Himmel und vor dir; ich bin hinfort nicht mehr wert, dass ich dein Sohn heiße. Aber der Vater sprach zu seinen Knechten: Bringt schnell das beste Gewand her und zieht es ihm an und gebt ihm einen Ring an seine Hand und Schuhe an seine Füße und bringt das gemästete Kalb und schlachtet's; lasst uns essen und fröhlich sein! Denn dieser mein Sohn war tot und ist wieder lebendig geworden; er war verloren und ist gefunden worden. Und sie fingen an, fröhlich zu sein.

Aber der ältere Sohn war auf dem Feld. Und als er nahe zum Hause kam, hörte er Singen und Tanzen und rief zu sich einen der Knechte, und fragte, was das wäre. Der aber sagte ihm: Dein Bruder ist gekommen, und dein Vater hat das gemästete Kalb geschlachtet, weil er ihn gesund wiederhat. Da wurde er zornig und wollte nicht hineingehen.

Da ging sein Vater heraus und bat ihn. Er antwortete aber und sprach zu seinem Vater: Siehe, so viele Jahre diene ich dir und habe dein Gebot noch nie übertreten, und du hast mir nie einen Bock gegeben, dass ich mit meinen Freunden fröhlich gewesen wäre. Nun aber, da dieser dein Sohn gekommen ist, der dein Hab und Gut mit Huren verprasst hat, hast du ihm das gemästete Kalb geschlachtet.

Er aber sprach zu ihm: Mein Sohn, du bist allezeit bei mir, und alles, was mein ist, das ist dein. Du solltest aber fröhlich und guten Mutes sein; denn dieser dein Bruder war tot und ist wieder lebendig geworden, er war verloren und ist wiedergefunden.

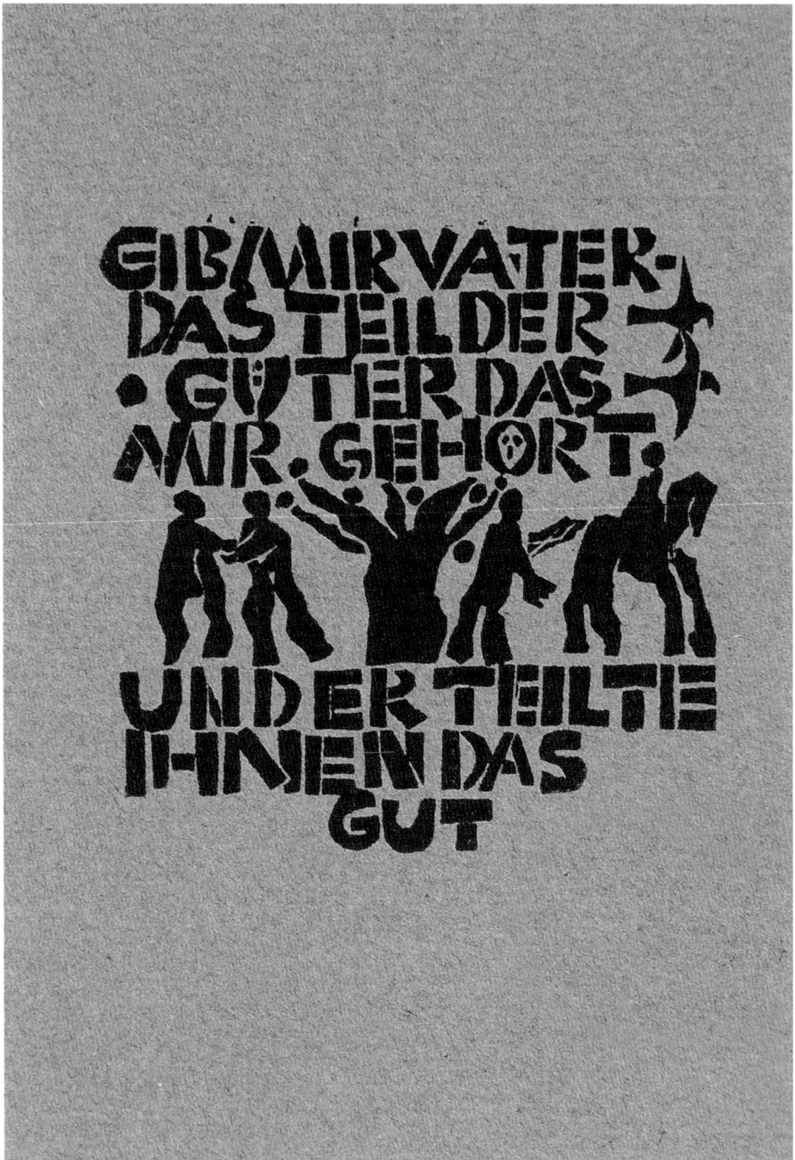

Detlef Willand, Text „Gib mir Vater...“, 1992

Detlef Willand, Gib mir Vater..., 1992

Detlef Willand, Text „Und zog ferne…“, 1992

Detlef Willand, Und zog ferne..., 1992

Detlef Willand, Text „Wie viel Tagelöhner...“, 1992

Detlef Willand, Wie viel Tagelöhner..., 1992

Detlef Willand, Text „Da er aber noch...“, 1992

Detlef Willand, Da er aber noch..., 1992

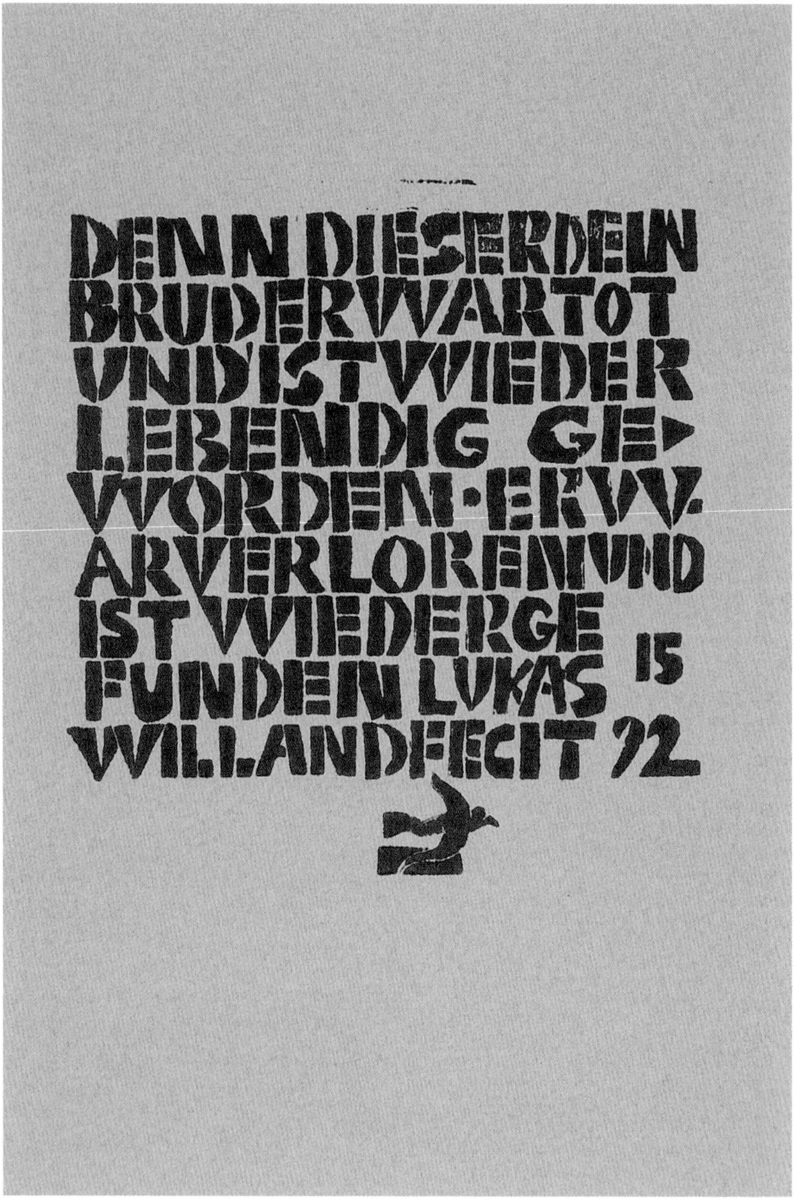

Detlef Willand, Text „Denn dieser dein Bruder...“, 1992

Detlef Willand, Denn dieser dein Bruder..., 1992

Zwei Welten

Es gibt zwei Welten in uns: eigentlich sind sie eins; wir jedoch betrachten sie getrennt, was uns Einblicke gewährt, die wir als Einheit erfasst nicht haben können. Wenn wir uns dem zuwenden, was die Einheit stört, um die Störung aufzudecken, dann lässt sich das Einende besser erfassen.

Die zwei Welten in uns sind:

– die in Raum und Zeit gebundene Welt; sie ist Bestandteil des phänomenal In-Erscheinung-tretenden,

– die von Raum und Zeit freie Welt; sie ist das Voraus dessen, was phänomenal in Erscheinung tritt.

Übendes Einfinden in das Leben – *Übung und Verzicht* recht praktiziert – entstört als eine erste Frucht anfänglich die Welt in uns, die Bestandteil des Phänomenalen ist. Durch das Entstören werden die diesbezüglichen Vermögen sich selbst bewusst mit der Tendenz, sich zu aktualisieren. Die freiwerdenden Akt-Felder des Mentalen, des Imaginativen und die des Emotionalen sind – im Maße ihres Nicht-integriert-seins in die von Raum und Zeit freie Dimension – sich selbst überlassen. Da sie jedoch aufgrund ihrer in sie gelegten Ordnung nicht nur aufeinander, sondern letztlich auf die Lebens-Funktion verwiesen sind, ist ihr nicht aktualisiertes authentisches Verwiesen-sein durch das ichhafte Begehren belegt und so pervertierbar. In ihrem Gestört-sein der Zuordnungen können sich die jeweiligen Vermögen relativ ungehindert auf sich selbst bezogen durchsetzen und verwirklichen.

Weil die gegebene authentische Zuordnung dem durch Entstörung frei- und bewusst-gewordenen ichhaften Begehren ein Hindernis ist, wird diese Ordnung willentlich verdrängt, damit der diesem Begehren Verfallene die Illusion der Authentizität seines Handelns haben kann. Hierdurch hüllt sich das in uns grundgelegte Verwiesen-sein in Nebel; also kann die eigentliche Ordnung durch das Ichhafte ‚legitim' ersetzt werden. Um dieser fundamentalen Täuschung einsichtig und von ihr frei zu werden, ist die von allem Ichhaften freie Glaubens-Dimension anzustreben.

Frage, weshalb können wir uns im unerwachten Zustand problemlos als Einheit erfahren: aufgrund der Identifikation mit dem Ich-Kosmos, der Benutzung der Lebens-Kraft bei gleichzeitiger Negation der in ihr waltenden Ordnung! Im erwachten Zustand nämlich kann die Lebens-Funktion als Dominante erkannt und deshalb zur Integrations-Funktion für alle Vermögen werden. Die Ahnung davon ist in der negativen Identifikation mit dem Ich-Kosmos gegenwärtig: diesem Trugschluss erliegen wir in einer Gewissheit, die sich schwerlich in Frage stellen lässt. Der sich durch die permanente Identifikation verdichtende Ich-Kosmos macht einen Durchblick zusehends unwahrscheinlich.

In der Lebens-Funktion ist ein Wille: das Leben soll gelingen. Die Lebens-Kraft selbst ist freier Wille, aus ihm sind wir gerufen, zu leben. Wir jedoch können ihm trotzen, ihn – sein Gegenwärtig-sein – ignorieren und durch den Eigenwillen ersetzen. Der Glaube hat in jenem Willen seine wahre Wurzel; wurzelt der Glaube nicht in ihm, dann bleibt er anfällig und hält, wird er angefragt, nicht stand. Eint sich unser Wille – in seiner Integration – mit dem Willen der Lebens-Kraft, sind wir heim-gekommen. Das Vater-unser zielt in all seinen Bitten darauf hin, diesen Willen nicht aus den Augen zu verlieren, um nicht der uns blind machenden Schlechtigkeit zu verfallen.[1]

Zwei Welten, mit anderen Worten, Unwissen (= Finsternis) und Licht sind in uns. Die Wirkweite unserer Geschichtlichkeit – die geschichteten Erfahrungen – soll uns auf jenem Übungsweg klar werden. Sind sie positiv – das Leben bejahend –, dann weisen sie auf das Leben-Selbst hin; sind sie negativ – das Leben verneinend –, dann vermehren sich die

Dispositionen in uns, die wir als Last wahrnehmen. Durch eine falsch bewältigte oder verdrängte Erfahrung können wir ein Pseudo-Selbstbewusstsein erzeugen, daran haften und sogar uns damit identifizieren. Diese Art des Vergangenen im Gedächtnis bestimmt unsere so genannte Gegenwart, in der wir nur im Angehaftet-sein, also objekt-bezogen, leben können. Dies wiederum manipuliert unseren Verstand, weshalb unser ganzes instrumentelles Bewusstsein vom Ich-Willen dominiert wird. Solange wir an etwas haften, können wir nie frei werden von Angst, die unsere Zukunft manipuliert. Die Angst vernichtet im Grunde genommen unsere Vermögen, die uns gegeben sind, um sich zu entfalten; je weiter wir in diese Richtung gehen, desto mehr stärkt sich der vom Ich beeinflusste Wille. Je mächtiger der Eigen-Wille wird, desto tiefer verstricken wir uns in Unwissen. Die auf das Leben hin ausgerichtete Erfahrung dagegen fördert die Entfaltung unserer Vermögen, hierdurch wird Hoffung erweckt. Aus dieser geschenkten Hoffnung strebt unser Wille immer mehr nach der Einung mit der Lebens-Kraft.

Wird *Übung und Verzicht* im Tätig-sein zur gegenwärtigen Praxis, sind wir mit dem erkrankten Zustand des Bewusstseins – sein nicht anzuhaltendes Pendeln – konfrontiert: Vergangenes und Zukünftiges sind die das Bewusstsein belegenden und es bewegenden Objekt-Felder; selbst das Jetzt-erfahrene kann davon nicht frei sein, denn vergangenes Anlasten und zukünftiges Ängstigen legen den Grund für das Anhaften an die gegenwärtigen Objekte. Als ein erstes Ergebnis aus *Übung und Verzicht* gilt es, im Vergangenen nicht nur das Anlastende, sondern auch die Einsicht in das Vermögende und im Zukünftigen nicht nur das Ängstigende, sondern auch die Aussicht auf sein hoffen-lassendes Moment zu entdecken. Das erweiterte Prozess-Feld aus *Übung und Verzicht* lässt erkennen, wie:

Vergangenes mit dem Gedächtnis korrespondiert und auf → Frei-sein verweist;

Gegenwärtiges mit dem Verstand korrespondiert und auf → objektfreie Gegenwart verweist;

Zukünftiges mit dem Willen korrespondiert und auf → Willen der Lebens-Kraft verweist.

Es gibt außer der authentischen Gegenwart streng genommen keine wahre Zeit. Dass wir die Zeit als Vergangenheit, Gegenwart und Zukunft teilen, ist deshalb, weil wir das Erfahrene im Gedächtnis festhalten, daraus leben und planen wollen. Der Sinn des Vergangenen liegt nur darin, dass wir daraus lernen und fähig werden, in der authentischen Gegenwart zu leben. Der Sinn der Zukunft liegt darin, sie mit den Früchten aus der authentischen Gegenwart zu füllen, um zu leben. Das ist das Leben, das uns das Leben-Selbst – sich schenkend – geben will.

Erinnert wird der Widerspruch der Lebens-Geschichte im Verhältnis zum Leben-an-sich, der sich dadurch, dass wir uns mit ihm identifizieren, verfestigt, anstatt dass er sich lösen lässt. Weiter erkennen wir, dass – weil anhaftend am Widerspruch – die Vermögen des Verstehens weithin in einem instrumentell-gegenwärtigen Verstehen gebunden und deshalb nicht frei sind von Unwissen, das komplexere Zusammenhänge nicht erfassen lässt. Außerdem wird deutlich, wie sehr Zukünftiges durch den im Ich-haften gebundenen Willen gesteuert ist.

Die Erfahrung des sich zerstreuenden, ständig sich bewegenden Bewusstseins enthält die Aufforderung, diesem erkrankten Zustand auf die Spur zu kommen. Die Wahrnehmung der Verknüpfung von Gedächtnis, Verstand und Willen gewährt einen ersten Durchblick, wie das Identifizieren mit den Widersprüchen aus dem Ich-haften in Unwissen seine Wurzel hat. In dieser Hinsicht muss der eigentliche Lern-Prozess gewagt werden, ohne den ein wirkliches Erwachen nicht möglich ist.

Übung und Verzicht lässt nicht nur Widersprüche der davon durchwirkten konkreten Lebens-Zeit im objekt-freien Jetzt erfahren und lösen, sondern weist darüber hinaus auf das geschichtliche Verwoben-sein des Lebens, seine Genealogie – das Wurzel-Feld der Widersprüche –; das ist die letztlich entscheidend zu entstörende Dimension. In dem Maße, wie die Genealogie ins Blickfeld rückt, entdecken wir sowohl das Eigentliche der Störung als auch das wirkliche Sich-ereignen – die Akt-Dynamik des frei waltenden Willens der Lebens-Kraft – in der objekt-freien Gegenwart. Dass dieser frei waltende Wille von der Identität empfangen, mit ihr in Übereinstimmung kommen und Praxis werden kann, bedingt eine analoge Dispositionierung der Identität. Da jedoch diese – ihre analoge – Dispositionierung grundgestört ist, ist ihre Entstörung verwiesen auf das Leben-Selbst; durch die Praxis von *Übung und Verzicht* ist eine Restituierung ihrer authentischen Grund-Disposition nicht bewältigbar.[2]

Die „bewältigbaren Anteile“ durch *Shugyō – Übung und Verzicht* – sind die Dispositions- und die Stimmungs-Felder ihres Entstehens. Angehbar sind zunächst die auf die konkrete Lebens-Zeit bezogenen Dispositionen, ferner sind die Störung verursachenden Grund-Stimmungen des Samenspeichers der Genealogie durch *Shugyō* manipulierbar. Nicht angehbar durch *Shugyō* ist jedoch der sich etablierte Widerstand in der Differenz, der sich gegen das Leben-Selbst richtet. Die Dispositionen, deren Stimmungs-Felder und der Grund-Widerstand gegen das Leben-Selbst sind die Konstituenten für den Ich-Kosmos. Reines existentielles Erkennen ist erst im Überschritt der sich verselbstständigten Differenz – deren Integration in die Identität – möglich. Im Frei-sein des Jetzt von allen Objekten erhält der Wille der Lebens-Kraft sein authentisches – ihm angemessenes – Ereignis-Feld.[3]

– Die Lebens-Kraft selbst ist Wille zu leben: dieser Wille ist nicht gebunden in Raum und Zeit;

– Die Lebens-Kraft selbst ist reines existentielles Erkennen: dieses Erkennen ist nicht gebunden in Raum und Zeit;

– Die Lebens-Kraft selbst ist Freiheit: diese Freiheit ist nicht gebunden in Raum und Zeit.

In Freiheit sind ihr sich aktualisierender Willens-Impuls und ihr reines existentielles Erkennen. Aufgrund der Lebens-Kraft ist:

a) die Auflösung der vergangenheitsbezogenen Bindungen,

b) die Ausreifung der Gegenwart ohne Objekt im Frei-werden von den Anhaftungen und

c) die Integration des Eigen-Willens in den Willen der Lebens-Kraft möglich.

Wenn das Gedächtnis befreit ist von den Bindungen aus Vergangenem, kann der Mensch zum ersten Mal erfahren, wie die authentische Lebens-Kraft ihn waltet; er erkennt, dass er in der Pflicht steht, sein Leben aus ihr Gestalt werden zu lassen. Ihm wird bewusst, wie das Empfangene in ihm zur wahren Nahrung wird und in ihm wirkend Früchte zeitigt, deren innewohnende Kraft Leben bewirkt. Diese Dynamik des Lebens verweist ihn zudem über sich hinaus auf den wahren Kern seines Daseins. Denn: im Ursprung des Menschen ist das Trinitarische abgebildet und seine Akt-Dynamik zugrunde gelegt: „Lasset uns Menschen machen, nach unserem Bilde … Gott schuf also den Menschen als sein Abbild; als Abbild Gottes schuf er ihn“.[4] Deshalb kann David in Psalm 8,5-7 sagen: „Was ist der Mensch, dass du an ihn denkst, des Menschen Kind, dass du dich seiner annimmst. Du hast ihn nur wenig geringer gemacht als Gott, hast ihn mit Herrlichkeit und Ehre gekrönt. Du hast ihn als Herrscher eingesetzt über das Werk deiner Hände, hast ihm alles zu Füssen gelegt. …“. Wir Menschen aber mißbrauchen das uns anvertraute Gut: sei es unser Leben, sei es die uns anheim gegebene Schöpfung.[5] Weil wir der in allem waltenden Lebens-Kraft entfremdet sind, wir ihre authentische Gegenwart nicht wahrnehmen, gebietet der Eigen-Wille unserem Tun. Aus diesem Grund, wer das, was uns nährt, leiblich oder seelisch, nicht so zu sich nimmt, wie es der körperlichen oder seelischen Nahrung angemessen wäre, empfängt das ihn Ernährende als ein Gegenihn, ja Tod anstatt Leben.

Weil der Mensch aus seinem natürlichen Lebensstrom heraus gefallen ist, das Böse eingelassen hat, bedarf er, wieder dorthin zurückzufinden. Jedoch, nicht nur wir Menschen bedürfen der Erlösung, sondern auch die durch uns gestörte Schöpfung. Finden wir in den natürlichen Lebensstrom zurück, ist die ganze Schöpfung mit hinein genommen.[6] Die Paulinischen Briefe sind durchdrungen von der Gewissheit des Neu-geboren-werdens, wie: „Betrügt einander nicht, da ihr ausgezogen habt den alten Menschen samt seinen Machenschaften und angezogen den neuen – den, der zur Erkenntnis erneuert wird nach dem Bild seines Schöpfers".[7]

Was für ein Geheimnis: wir sind auf Gott hin angelegt. Wir kommen aus dem Unendlichen und gehen ins Unendliche. In seinem Ursprung steht der Mensch zu sich selbst, zu seinem ganzen Lebens-Feld bis hinein in den Kosmos und natürlicherweise auch zu seinem Schöpfer in einem sich gegenseitig beziehend teilnehmenden Lebensstrom. Wird der Mensch sich dieses Lebensstroms in Wahrheit bewusst und deshalb fähig, sein Leben in Übereinstimmung damit zu wirken, dann fallen die Lebens-Funktion und ihre Erscheinung in der Gegenwart – frei von Objekten – in eins zusammen: die unverfügbare Gegenwart Gottes erweckt in ihm das dreifaltig ihn gründende Leben.[8]

„Meister Eckehart sprach zu einem armen Menschen: ‚Gott gebe dir einen guten Morgen, Bruder!' – ‚Herr, den behaltet für euch selber: ich habe noch nie einen bösen gehabt.' Er sagte: ‚Warum denn, Bruder?' – ‚Weil ich alles, was mir Gott je zu leiden aufgab, fröhlich um seinetwillen litt und mich seiner unwürdig dünkte, und darum ward ich nie traurig noch betrübt.' Er sprach: ‚Wo fandest du Gott zu allererst?' – ‚Als Ich von allen Kreaturen abließ, da fand ich Gott.' Er sprach: ‚Wo hast du denn Gott gelassen, Bruder?' – ‚In allen lauteren, reinen Herzen.' Er sprach: ‚Was für ein Mann bist du, Bruder?' – ‚Ich bin ein König.' Er sprach: ‚Worüber?' – ‚Über mein Fleisch: denn alles, was mein Geist je von Gott begehrte, das zu wirken und zu erleiden war mein Fleisch noch behänder und schneller als mein Geist es aufzunehmen.' Er sprach: ‚Ein König muss ein Königreich haben. Wo ist denn dein Reich, Bruder?' – ‚In meiner Seele.' Er sprach: ‚Wieso, Bruder?' – ‚Wenn ich die Pforten meiner fünf Sinne verschlossen habe und ich Gottes mit ganzem Ernst begehre, so finde ich Gott in meiner Seele ebenso strahlend und froh, wie er im ewigen Leben ist.' Er sprach: ‚Du magst wohl heilig sein. Wer hat dich heilig gemacht, Bruder?' – ‚Das tat mein Stillesitzen und meine hohen Gedanken und meine Vereinigung mit Gott, – das hat mich in den Himmel emporgezogen; denn ich konnte nie bei irgendetwas Ruhe finden, das weniger war als Gott. Nun habe ich ihn gefunden und habe Ruhe und Freude in ihm ewiglich, und das geht in der Zeitlichkeit über alle Königreiche. Kein äußeres Werk ist so vollkommen, daß es die Innerlichkeit nicht hindere'".[9]

Detlef Willand, Zwei Stimmen, 1990

Das Identische

Grundstörungen des instrumentellen Bewusstseins

Die Grundstörungen des instrumentellen Bewusstseins – dessen Behaftet-sein mit den vergiftenden Potenzen und ihre Wirkung auf die Akte des Handelns – sind:

1) Geiz, Habgier, Begehrlichkeit; die Habsucht ist nichts anderes als ein Götzendienst,[1] Anbetung des Irdischen, letztlich eine Art von Selbstkult, der sich sowohl materiell, geistig als auch geistlich manifestieren kann. Indem das Dasein diesen Leidenschaften sich unterwirft, wird das Vermögen, das Leben zu teilen, in seinem Handeln verknechtet.

2) Zorn, Wut, Hass; diese Art des Aufruhrs kommt aus dem gerichteten Angriff der Differenz gegen die Identität, der die psychischen Ordnungsfaktoren weitgehend in Mitleidenschaft zieht. Letztlich ist es die Unterdrückung des Lebens, seine Auflehnung gegen das Leben-an-sich.

3) Stolz, Ignoranz, Wahnvorstellung; sie zeigen sich einem anmaßenden Verhalten, das jeglicher Natürlichkeit entbehrt. Das Unheimliche eines derartigen Benehmens ist die aus Unwissen murrend verweigerte Selbsteinsicht. Wo diese Einsicht fehlt, ist alles Geschehen imaginativ vom ich-zentriert illusionären Begehren verfügbar.

Neid und Schadenfreude, deren Bindeglied oftmals Aggression ist, korrespondieren mit den drei Grundstörungen; sie entstehen dadurch, die eigenen unbefriedigten Wünsche mit den anscheinend erfüllten anderer zu vergleichen. Das Behaftet-sein mit Neid kann ein Anders-sein nicht akzeptieren. Es erwartet sogar um des Ausgleichs willen das Unglück anderer; dies ist die selbst erzeugte Gerechtigkeit, sie sucht sich zu befrieden. Ängste und Angstphobien sind außerdem Begleiterscheinungen der genannten Grundstörungen.

Werden tief eingeschlossene Ängste frei, dann ist das ganze negative Energie-Feld davon tangiert, wodurch das Identifizieren – das bisher scheinbar Tragende, netzartig Verzweigte – zusammenbricht; derartige Erfahrungen sind sehr mühsam zu bestehen. Die hier erfahrene psychische Instabilität erhält Hilfe durch ein bewusst gegenwärtig vollzogenes, manuelles Tun, das ungeordnete Kräfte, die den Prozess der neu sich stabilisierenden psychischen Energien blockieren, allmählich in ihr Gegenteil umschlagen lässt.

Das ichhafte Identifikations-Feld

a) Das Ich-hafte, sein Intendieren, umfasst:

1) die Sinne und
das mentale Verstehen,

2) das imaginative Kreieren von Welten,

3) die emotionalen Vermögen,

b) es korrespondiert mit:

1) den Dispositionen,

2) dem Sediment aus der Genealogie,

c) und ist gesteuert:

1) aus dem ursündlichen Virus

Schlüssel des Mensch-sein

In der Kern-F – Identität und Differenz – liegt der Schlüssel, der uns das Mensch-sein erschließt. In ihm sind zwei Faktoren – konstante Dynamik der Identität und Veränderung der Differenz –, die uns der Semantik des Lebens auf die Spur helfen wollen. Beides – das Konstante und das Veränderliche –, soll es der Einsicht zugänglich werden, muss sich im existentiellen Erfahren lichten, dies gilt sowohl für das der Zeit

Enthobene mit den in es eingeschriebenen Lebens-Prinzipien als auch für das veränderlich programmierbare Abhängige von den zeitlichen Einflüssen. Das Erschließen geschieht in einem gegenseitigen Sich-bedingen: das Zeitgebundene wird im Zeitlosen sozusagen als das der Zeit Verfallene erkannt, es lässt sich im Verhältnis zum zeitfreien Faktor werten und in seinem Widerspruch zu den Lebens-Prinzipien transformieren. Das sich einstellende Freiwerden im Umgang mit den zeitbedingten Faktoren eröffnet die Möglichkeit, sie im Verhältnis zur Dynamik des Konstanten real einzuschätzen.

Wird der hier dargestellte Sachverhalt der zwei sich unterscheidenden Faktoren verkannt, dann kann sich der Mensch von dem, was er zuvor als wahr erkannte, verabschieden und das Erkannte durch das Zeitgebundene ersetzen. Konkret: es entschwindet ihm das der Zeit enthobene Moment seines Daseins. Ohne dieses Moment zu entbehren, kann er sich – wie es scheint – primär am Zeitgebundenen orientieren. Im *veränderlich* Erfahren ist das instrumentelle Bewusstsein nicht nur involviert, sondern in gewisser Hinsicht ist es Ereignis-Träger der Veränderung. In dem Maße, wie das der Zeit enthobene Moment verdrängt und nicht zugelassen ist, wird den Kräften, die dem Leben-Selbst widerstreiten, Tür und Tor geöffnet. So kann ihre negative Intention im Handeln eines Menschen zum tragen kommen; der Einsicht mag es freilich verborgen bleiben.[2]

Identifikation

Das authentische *Mensch-zu-sein* ist grundgelegt in der Identität der Kern-F. Entdeckt der Mensch diese Tatsache und erwacht hierzu, durchschaut er seine Identifikations-Objekte und verfällt nicht leichthin ihrem irritierenden Bann. Unerwacht ist der Mensch, der aus dem ichhaften Begehren der Differenz der Kern-F gesteuert ist: die Akte des Denkens, Redens und sein Tun identifizieren sich mit den dort vorgegebenen Dispositionen. Aus ihnen beeinflusst bietet sich der in der Differenz vorgefundene innerweltliche Seins-Anspruch für die Bewältigung des Daseins an und trägt scheinbar das Leben, weshalb sein Widerspruch zur Identität übersehen werden kann. Das ist der Anlass, dass das Sich-identifizieren im ichhaften Bewusstsein ankert und dort Wurzel fasst. Dass dem Ich dies gelingen kann, dafür sind seine Objekte als scheinbare Identifikations-Träger notwendig. Sie täuschen unseren Blick, was hindert, den hier vorliegenden wahren Sachverhalt zu durchschauen. Die offen gelegte sogenannte wahre Identifikations-Basis ist hier jedoch das *Ego*, die fundamentale Täuschung im Leben eines Menschen. Letztlich gibt es nur die Alternative: entweder identifizieren wir uns mit dem Ego oder das Identisch-sein gründet in der Identität der Kern-F.

Das Gleichnis vom Haus auf dem Felsen Lk 6,46-49 will die Konsequenzen dieser Alternativen offen legen. Das *Ich-zentriert-sein* als Identifikations-Basis ist das auf Illusionen gebaute Leben; im Ernstfall erweist es sich als das das Leben Zerstörende. *Das Authentisch-gegenwärtig-sein* als Identifikations-Basis ist das auf die Identität gebaute Leben, was allem standhält. Die wahre Identifikations-Basis in uns ist jedoch mit dem instrumentellen Erkennen nicht zu fassen, sondern mit der erweckten Einsicht, die ihm das *Darüber-hinaus* auftut. Hier stellt sich uns die Frage nach dem Wie dieses Überschreitens. Wie gesagt, verweilen wir mit der Beantwortung der Frage nach dem Lebensgrund im mentalen, imaginativen oder emotionalen Erkennen, dann entstellt sich uns das Eigentliche des Daseins. Der kurze Hinweis in der Parabel „geschachtet und ausgetieft“ genügt, um die Antwort zu finden. Ein Bild, das uns der komplexen Realität unsers Lebens auf die Spur kommen lässt. Was ist es, das hier ausgehoben werden muss, um den wahren Grund, der trägt, freizulegen?

Im Bild ist dies zunächst der Sand, unsere Zerstreutheit. Etwas tiefer entdecken wir Weggeworfenes, Verdrängtes, Verschüttetes. Graben wir weiter, zeigt sich Unerwartetes, das durch lange Zeiträume Festgewordene und nicht wirklich Tragende. Letztlich ist tief in uns ein Etwas, das sich dem Leben aufs äußerste widersetzt. Diese Kraft des Negativen, das wir weder zu fassen noch zu beschreiben vermögen, ist nicht von uns allein, sondern nur anhand des einenden Vermögens der Identität der Kern-F mit dem Leben-Selbst zu bewältigen.

Zusammenfassend: Sand steht für die Welt, der je nach Windrichtung seine Formation ändert: das sich Anpassen an die je gegebenen Strömungen des Zeitgeistes, der Wahres mit Falschem vermischt und uns suggeriert, eben das sei es, was das Leben gelingen lasse. Fels steht für das Tragende des Grundsteins, für das uns geschenkte Leben, das seiner Freilegung bedarf. Dies wird nur möglich mithilfe dessen, in dem das Leben seine Verursachung hat, im Urheber allen Seins.

Person-sein

Das Leben-an-sich lässt seiner nicht spotten. Wenn uns das Leben-an-sich durch *Übung und Verzicht* innerhalb des uns möglichen Verständnis-Horizontes aufgeht, erkennen wir: all das Verhalten und Handeln, das mit dem Leben nicht in Übereinstimmung ist, ist und wird aus ihm selbst gerechtfertigt. Verliert der Mensch dieses Gesetz des Lebens nicht aus den Augen, vermag er dem ihm zugefügten Unrecht, ohne sich zu rechtfertigen, standzuhalten, weil ihm das Leben – sein *So-sein* – aus der Erfahrung existentiell sich vermittelt. Es wird ihm nicht nur bewusst, dass er in es hinein genommen ist, sondern im Sich-genommen-sein erhält er Kenntnis von der Kraft des Hineinnehmenden. Die Authentizität der Erfahrung bedingt, dass das Wahrnehmende semantisch leer ist, frei von dem im Phänomenalen Gebundenen. Das Gelingen des interaktiven Wahrnehmens bedarf des Vertrauens, dass hier das das Dasein Leben-lassende kommuniziert. Diese Art des Vertrauens muss in der zuvor geforderten Leere gründen: leer zu sein von allen ichhaften Erwartungen, was uns vor dem hier üblichen, latenten Missverständnis bewahrt.

Sollte mit *Person* im authentischen Sinne die Vollkommenheit des das Dasein Leben-lassenden ausgedruckt werden? Könnte ein Mensch dann wohl nur Person genannt werden, indem er mit sich selbst, mit seinem innersten Kern, ganz geeint ist? Wenn es so wäre, scheint unser gewöhnlicher Sprachgebrauch falsch zu sein. Doch: obwohl wir nicht erkennen können, dass wir von uns selbst getrennt sind, wirkt in unserem Erfahren etwas Substantielles, das den Person-Begriff auch für das Alltagsgeschehen berechtigterweise benutzen lässt. Um das Bedeutungs-Feld des Begriffs *Person* zu fassen, ist zunächst das sich uns anbietende Konkrete, was Person aus der existentiellen Erfahrung im interaktiven Lebens-Vollzug kennzeichnet, zu klären. Hierfür sind drei zu kennzeichnende Bedeutungs-Felder zu unterscheiden: die Differenz und die Identität der Kern-F und das Leben-Selbst. Würde die Differenz sich selbst erkennen, ihrer Abhängigkeit von der Identität und ihrer Nichtigkeit innewerden, mit anderen Worten, wäre sie leer, liesse sie ihre analoge Struktur zur Identität im Empfangen und Weitergeben einsehen, was durch ihr widersprüchliches Verwoben-sein vereitelt ist; in diesem Kontext ist die Kennzeichnung Person aufgrund ihrer Selbstentfremdung nicht authentisch, sondern problematisch. Die unverfügbare Wirklichkeit der Identität ist Raum und Zeit enthoben, die der Widerspruch des Daseins nicht tangiert, aus ihr will sich uns das in ihr grundgelegte rechte Verständnis dessen, woraufhin das Person-sein zielt, im existentiellen Vollzug des Lebens auftun. Durch ihr diametral korrespondierendes Vermögen mit der Differenz und dem Leben-Selbst ist sie das das Dasein Erkennende und Beurteilende. Das dritte Bedeutungs-Feld ist das Eigentliche, das Vollkommene, das sich selbst offenbarend mitteilt. Wird uns auf der Ebene des Phänomenalen die Ambivalenz des Konkreten bewusst, erkennen wir seine darin gegenwärtig wirkende Analogie-Funktion und dadurch das Verwiesen-sein der Differenz auf die Identität und dieser auf ihren Ursprung. Das Eigentliche des Konkreten lässt sich ausgehend von einem in Raum und Zeit gebundenen Moment des Erfahrens nicht bestimmen. Versuchen wir, das mit Person Bezeichnete – bezogen auf seinen abstrakten Gehalt – zu veranschaulichen, dann zeigt sich dessen paradoxe Struktur: das hier konkret Erfahrene und dennoch sein diskursiv nicht fassbares Moment; gleichzeitig kommunizieren wir in zwei verschiedenen Wirklichkeiten, deren Paradoxie es aufzulösen gilt, um sie als Einheit zu erfahren.

Das kommunizierende Moment des Lebens-an-sich – sein das Leben stiftendes, ewiges Wort[3] – kann allein von der Identität der Kern-F personal erfahren werden, denn in ihr ist das Abbild des Lebens, das wir *Person-sein* nennen, authentisch grundgelegt; sie vermag wiederum mit der Differenz der Kern-F personal zu kommunizieren, soweit diese leer ist. Das personale Moment der Identität hat aufgrund ihrer analogen Prägung das ihr wesentliche Ereignis-Feld in der sich verwirklichenden Gerechtigkeit, Liebe, Barmherzigkeit. Sie in die Tat zu setzen muss von jeglichem in Interessen gebundenen Intendieren frei sein. Ist dies nicht der Fall, kann diese Tat das Dasein in seinem innersten Kern nicht treffen noch durchdringen. Entscheidend ist, zu erkennen: ist unser Handeln geeint mit dem innersten Impuls des sich aktualisierenden Lebens, dann erreicht es sein Ziel; wenn nicht, fallen wir, ohne uns dessen bewusst zu sein, in die Machenschaft.

Das personal kommunizierende Moment kann nicht auf der Verständnis-Ebene des Phänomenalen verbleiben, denn dies würde bedeuten, die Augen zu verschliessen vor dem Unfassbaren des Lebens. Das Eigen-sein ist zentral für die Bedeutung dessen, was mit Person-sein intendiert ist: es ist die existentielle Erfahrung der authentischen Gegenwart, das fundamentale Moment des Mit-seins, das hier existentiell bezogen zutage tritt, dies, indem wir das Verweilen im Vorgarten des Eigentlichen vermeiden. Weil in der Grund-Funktion des Lebens alle Weisen der Erscheinung eines Seins vorgebildet sind, treffen wir, wenn wir vom Innersten des Lebens – vom Person-sein – reden, immer das Ganze eines Seins.

Weshalb können wir trotz der grossen Anstrengung den Weg, der in Wahrheit zum Leben führt, nach dem wir – wissend oder unwissend – verlangen, nicht finden? Deshalb, weil das Herz geteilt und in seinen Überzeugungen fixiert ist, dass das hier Internalisierte nicht in Frage zu stellen sei. Im Prinzip gibt es zwei Fallgruben, die sich letzten Endes als Täuschung erweisen:

– das Verirrt-sein in Vorstellungen der Erscheinungs-Welt,

– das scheinbar Befreit-sein von der Welt der Phänomene, was jedoch im imaginativ emotionalen *Vor-Stellen* befangen diese Vermögen nicht überschreitet.

Der erwachte Mensch aber kommuniziert nicht aus der Halbheit, sondern aus der Einheit mit sich selbst und deshalb mit allem; dies empfängt er vom Leben-an-sich, denn es durchdringt alles stets aus der Einheit mit sich selbst. Mit Personsein ist letztlich immer das nicht auszusagende Sein schlechthin gemeint, das sich kommunikativ in einem existentiellen Austausch des Lebens, im Sich-mitteilen, manifest wird. Sind wir nicht mit dem ganzen Dasein in diesen Austausch involviert, dann kann das Sich-begegnen nicht authentisch sein. Durch das hier zutage tretende Ermangeln reduzieren sich die Lebens-Chancen, deshalb gilt es, wach zu werden. Anstatt dass wir das uns geschenkte Leben mittels vermeintlich kommunikativer Akte zerstreuen und dadurch vergeuden, sind wir gerufen, das Person-sein durch *Übung und Verzicht* in der Kern-F – im Geeint-werden der Differenz mit der Identität – zu ergründen. So wie das Leben-an-sich nicht teilbar ist, muss auch die Identität aufgrund ihres Analogie-Status die Einheit mit der Differenz anstreben; diese jedoch kann aus Unwissenheit die Einung ablehnen. In dem einenden vs. trennenden Moment liegt die Freiheit, sich willentlich für oder gegen das Leben zu entscheiden. Die für das Leben notwendig zu treffende Entscheidung ist ermöglicht und getragen durch eben die in der Kern-F grundgelegte Freiheit, denn nur aus ihr lässt sich das, in die Pflicht genommen zu sein, einlösen. In dem Maße, wie sich das Moment des Einenden aktualisiert, mindern sich die das authentische Person-sein entstellenden negativen Potenzen. Dafür kann sich die in einem Dasein grundgelegte, nun befreite Vielfalt bekunden.

Wie kann ein Mensch das ihn Leben-lassende erfahren? Wenn er sich entschieden auf dem Weg der Einung – geführt vom Leben-an-sich – befindet, stößt er auf eine handelnd sich ereignende Wirklichkeit, die ihn sukzessiv freie Akte der Gerechtigkeit, Liebe, Barmherzigkeit setzen lässt, in denen der Akt des Handelns und sein Ergebnis in eins fällt, also nicht mehr getrennt ist. Im Wahrnehmen dieses Geschehnisses begegnet er der existentiell vollziehenden Kraft, die sein Dasein trägt und erhält. Gerade im Geeint mit ihr wird auch der Wesens-Unterschied klar gegenwärtig: hier begegnet er dem personal Kommunizierenden. Das Authentische solch kommunizierender Akte ist in den das Leben erweckenden Taten Jesu zu erleben. Er ist deshalb der das Leben Erweckende, denn er kann aus der Einheit mit sich selbst nicht herausfallen, wie Paulus sagt: „Sind wir untreu, er bleibt treu. Denn: Sich selbst verleugnen kann er nicht".[4] Er, stets in der dreifaltigen Einheit sich sammelnd, einend und aus ihr hervorgehend, ist wahre Person, zugleich wahres Person-sein – wahrer Gott und wahrer Mensch –. Durch die Annahme der Inkarnation erschließt sich uns das Person-sein vollgültig. Person, das Authentische, kann letztlich durch den Auferstandenen – Christus – uns allgegenwärtig werden: er selbst ist hierfür der Schlüssel und das Tor. Durch ihn sollen wir Zugang zu dem von uns Nicht-fassbaren – dem Geheimnis des Lebens – finden, das in der Identität der Kern-F Wurzel fasst: „…alles und in allen ist der Messias".[5] Uns dessen bewusst zu werden, sind wir existentiell nicht darauf verwiesen?

Das Erbteil

Es gibt eine ganzheitliche – ausschließlich illusionäre – Welt-Erfahrung, die, weil sie sich ich-bezogen aktualisiert, in ihrer Intention und im Ergebnis die *Ich-Du-Trennung* nicht überschreitet. Diese dualistisch erfahrene Sicht erzeugt das in uns wirkende Hindernis, das im Vergangenen bindet und demzufolge im Hinblick auf Zukünftiges uns manipuliert; sein Sediment vereitelt die authentische Gegenwart. Aufgrund des Mißverständnisses, seiner hierdurch erzeugten Trennung zwischen mir und dem anderen, fehlt im Handlungs-Akt die tragende Basis; sie ist die Ursache für den im Ergebnis erfahrbaren Widerspruch.

Die Ganzheits-Erfahrung aus der Identität dagegen ist ohne Widerspruch, denn das auf der phänomenalen Ebene vollzogene *Ich-Du-Verhältnis* ist bewußt getragen von der im Handlungs-Akt gegenwärtigen Lebens-Funktion. Der scheinbar äußerlich vollzogene Akt ist in Wahrheit ein innerer, und zwar, ohne dass er Spuren hinterlässt, die eine Desorientierung im Handeln zur Folge haben. In dem Maße, wie sich unser Welt-Bezug im Denken, Reden und Tun aus dem Ichhaften bestimmt, sind diese Akte ausgerichtet an der phänomenalen Erscheinung. Ist jedoch das Leben-Selbst darin gegenwärtig wirksam, dann wird das größere Ganze kommuniziert und der ihm je spezifisch eigene Seins-Stand angemessen erfasst.

Die entscheidende Frage ist und bleibt, aus welchem Teil unseres Seins der Impuls entspringt, aus dem die zu setzenden Akte sich orientieren und letztlich in ihn integriert werden. Ist es das materie-bezogene Bewußtsein, der sich aus ihm bestimmende und in ihm gebundene Teil, oder ist es das in Raum und Zeit Nicht-gebundene, die Identität der Kern-F? Soweit der materie-gebundene Teil unseres Seins gegen das *Leben* aktiv wird, zu ihm in Widerstreit sich befindet, ja möglicherweise es sogar negiert, schließt sich dieser Teil unseres Seins aus mit der Konsequenz des Verlustes seiner notwendigen Integration in das Leben-an-sich. In Jes Sir 15,14-17 lesen wir hierzu: „Er hat am Anfang den Menschen erschaffen und ihn der Macht der eigenen Entscheidung überlassen. Wenn du willst, kannst du das Gebot halten; Gottes Willen zu tun ist Treue. Feuer und Wasser sind vor dich hingestellt; streck deine Hände aus nach dem, was dir gefällt. Der Mensch hat Leben und Tod vor sich; was er begehrt, wird ihm zuteil." Das das Leben integrierende Moment kann nur die Identität sein; der materie-gebundene Seins-Teil ist hierzu nicht fähig, da er seine eigene Voraussetzung in der Identität hat, die im Sein des Leben-Selbst gründet.

Unser Dasein ist unausweichlich in die Entscheidung gestellt. Erst durch sie und ihre Verwirklichung werden wir zu dem, was wir sein sollen: wahrhaft als Mensch im Dienst des Lebens zu stehen! Weil das Tragende unseres Lebens – das Voraus der phänomenalen Erscheinung – im Leben-Selbst seine Wurzel fasst, ist ein entscheidender Impuls in uns am Werk, unsere Entscheidung aus ihm und auf ihn hin ausgerichtet zu treffen. Indem wir uns auf diesen Impuls einlassen, wird in unserer Entscheidung sein Moment wirksam: die Freiheit, uns für das *Leben* zu entscheiden, ist hier grundgelegt. Hierzu sind uns Wille und Vernunft gegeben. Sie sind die entscheidend vermögenden Kräfte des Erkennens und Wollens, durch die, soweit sie sich nicht entfremden, ein Dasein mit dem Grund-Impuls des Lebens koordiniert werden will, damit uns unser authentischer Seins-Stand sich erschliessen möge.[1]

Der Ausreifung zur Entscheidung fürs Leben stehen Wirk-Kräfte entgegen, die ihr Aktionsfeld primär in Verbindung mit der phänomenalen Erscheinung haben. Lässt der Mensch sich auf sie ein, konstituiert sich im ichhaft zentrierten Bewußtsein eine Gewissheit – eine Pseudo-Gewissheit –, als sei es selbst die wahre Integrations-Funktion für alle gegebenen Vermögen. Vor allem ist das Wollen im Erkennen gebunden und in seinen Entscheidungen ausgerichtet an den Wirk-Kräften, die das ich-zentrierte Bewußtsein steuern. In seiner Folge gerät der Mensch offenbar in die Entfremdung zu sich selbst, zu seinem natürlichen Umfeld und letztlich selbst zu dem ihn Waltenden. Wird die Identität als Integrations-Funktion – oftmals in uneinsichtiger Weise – mit dem ich-zentrierten Bewußtsein vertauscht, dann bleibt auch das religiöse Bemühen im Illusionären stecken: leer erweisen sich zusehends dessen Früchte.

Die Integration des materie-gebundenen Teils in den *Seins-Teil* als solchen führt zum verheissenen Leben über die Zeit hinaus, dagegen bindet seine Desintegration das Bewußtsein in der Materie: „Was ein Mensch sät, das wird er auch ernten. Ja: Wer auf sein Fleisch sät, der wird vom Fleisch Verderb ernten; wer aber auf den Geist sät – vom Geist unendliches Leben".[2] Wird dem Menschen während der ihm gegebenen Zeit die Lebens-Funktion – Identität – nicht bewußt, leidet er anteilmässig an seinem Materie-verhaftet-sein und kann nicht frei werden. Was in der Lebens-Zeit gebunden bleibt, ist mit dem Tod nicht gelöst, sondern es harrt seiner Lösung. Hier tut sich uns auf ein gewisses Verständnis von Reinigung nach dem Tod, dies: inwieweit die Identität im Prinzip – wenn auch unbewusst – als Integrations-Funktion im Durchgang durch das Leben wirksam war; aber auch die Möglichkeit des Verworfen-werdens scheint hier auf, weil das ich-zentrierte Bewußtsein ein Leben so dominierte, dass es nun das materie-gebundene Bewusstsein gefangen hält.[3]

Weshalb kann die Schrift vom Nie-endenden-Feuer sprechen?[4] Wohl wegen des Widersinns, dass sich das Ich-zentriert-sein aus der Identität ernährt und dennoch mit den von dort empfangenen Kräften gegen sie gerichtet wirkt. Die Nicht-Übereinstimmung, die die Identität für alles ichhaft Intendierte signalisiert, wird als Hindernis erfahren, dem Widerstand zu leisten ist. Jedoch, der Materie-Anteil im Dasein, einschließlich des instrumentellen Bewusstseins, soll sich in das Gesamterhalten-werden integrieren, um es in die Dimension über Raum und Zeit hinaus zu führen. Durch diese Transformation der Materie ist der Mensch mit einbezogen in das Werden des ganzen Kosmos. Es muss für uns klar bleiben, nur durch das Leben-Selbst kann dies geschehen; verlieren wir diese Tatsache aus den Augen, geraten wir in die Anmaßung.

Die *Zehn-Gebote* scheinen heute für viele *von außen gegeben* zu sein.[5] In Wirklichkeit aber sind sie vom Leben-Selbst nicht zu trennen; im Verhalten gegen sie geschieht Vergehen am Leben. Das Sollen, ihr Praxis-werden, korrespondiert mit der Identität der Kern-F. Werden Grund-Tatsachen des Lebens in Frage gestellt, muss, was ich zunächst von außen – deduktiv – vermittelt erfahre, in mir selbst – induktiv – existentiell sich erschließen. Sinn und Bedeutung von Prinzipien des Lebens – das *Mit- und Zueinander* – zu erschließen, ist zentral, um das Ziel von *Übung und Verzicht*, das durchaus ein Lernen über sich selbst ist, zu erreichen: hier geht es um aufrichtige Selbsterkenntnis. Wird Wissen-wollen durch die Übung angehäuft, steht dies dem Prozess der aufschliessenden Reinigung entgegen, ja, es verstärkt das ichhafte Begehren, wodurch die Chancen, das Leben über die Zeit hinaus zu gewinnen, sich mindern. Das Gewahr-werden, dass ich – aus mir selbst – ein Nichts bin, ist die fundamental existentielle Erfahrung von *Übung und Verzicht*. Erst auf dieser Ebene der Leere, des *Ledig-geworden-seins*, wird mir das Leben über die Zeit hinaus geschenkt. Dies ist die anzustrebende authentische Leere, alle anderen Erfahrungen in dieser Hinsicht sind mehr oder weniger uns psychisch täuschende Zustände.

Die nicht mehr im ichhaften Begehren gebundene Intentionalität ist entscheidend, um den von Interessen gesteuerten Weltsichten zu entkommen. Erreicht der Mensch dieses Befreit-werden durch *Übung und Verzicht*, vollzieht sich in ihm ein tief greifender Wandel: die Barriere, verursacht durch den befehlenden Charakter des Imperativs, löst sich auf, so dass das zuvor zwanghaft Erfahrene, das Abgelehnte, willig angenommen werden kann, denn in der befreiten Intentionalität spiegelt sich das Missverständnis des Lebens, sein Mißbrauch. Erst jetzt wird ihm das aus dem Lebens-Grund geeinte Handeln, das die wahre Bedeutung des von allen Zwängen freie Selbst-mitteilen des Lebens in den Blick kommen lässt, möglich. Meint Paulus nicht doch diese Art des Handelns, wenn er sagt: „Schuldet keinem und nichts, außer: das Einander-Lieben. Denn wer den andern liebt, hat das Gesetz erfüllt. Denn: Brich die Ehe nicht, morde nicht, stiehl nicht, begehre nicht, und welch anderes Gebot es noch geben mag – das bekommt in diesem Wort erst Sinn und Kopf, nämlich: Lieben sollst du deinen Nächsten gleich dich selbst! Die Liebe tut dem Nächsten kein Übel. Erfüllung des Gesetzes ist die Liebe".[6] Die Anteilhabe am Leben ist nicht ein Besitz, sondern uns zunächst nur zeitlich bedingt gegeben, quasi zur Einübung in das Leben: zur Prüfung, zu unserer Erprobung und zur Entscheidung für das Wie des damit Verfahrens. Was ansteht, ist dessen Verwirklichung: die Integration des Materie-Anteils unseres Daseins in die Identität.[7]

Das Weinberg-Gleichnis[8] will die Neigung in uns, das Verfügen-wollen des Lebens, offen legen. Im Griff nach dem Leben – der Absicht, es zu verdinglichen – zeigt sich der *Ur-sündliche Virus* im Menschen, sein Versucht-sein, sein Nicht-anders-können. Obwohl der Mensch erfährt und dazu erwachen könnte, dass im Geschehens-Prozess des Lebens ein Etwas am Wirken ist, das er selbst weder machen noch verfügen kann, greifen wir – aus Blindheit – danach, um es uns zu unterwerfen. Die in dieser Versuchung wirkende Intention, das Unverfügbare verfügen zu wollen, suggeriert uns das *Freiwerden von den die Verwirklichung unseres Lebens behindernden Fesseln.* Im Praxis-werden der in der Neigung wirkenden und sich aktualisierenden Intention wird zusehends die Trennung vom Leben – ihr Wider-Sinn – manifest: das intendierte Freiwerden erweist sein Unfrei-geworden-sein und wird als real gegeben erfahren.

Die Winzer – wir alle ohne Ausnahme[a] – dürfen vom Ertrag des Weinbergs das Leben erhalten und verwirklichen, anteilmässig partizipieren. Die ersten Früchte jedoch gehören dem *Weinberg-Eigner,* dem Spender allen Lebens. Fliehen wir vor der Verantwortung, in die wir gesetzt sind, dadurch, dass wir dem Eigner die Früchte vorenthalten, ja sogar um unseres Rechtes willen seine Knechte und damit seine Rechte abweisen, geht das immer damit einher, das uns anvertraute Gut an uns zu reißen, was letztlich eine Verneinung unseres eigenen Daseins ist. Das Verneinen dessen, was unser Leben erhält, um es dann – wie wir meinen – gänzlich unserem Wollen unterwerfen und verfügen zu können, zeigt, wie sehr unser Dasein durch den *Ur-sündlichen Virus* geschädigt, ja der Lebens-Sinn uns entschwunden ist. Es gilt für uns alle, zu erkennen, wie und wo wir gegen das Leben stehen, außerdem, dass wir das Entkommen aus dem geschädigten, verdunkelten Zustand aus uns selbst nicht bewältigen, diese Verkehrtheit nicht zu wenden vermögen, um die Früchte zur rechten Zeit abzuliefern.

Das Ganze unseres Daseins, sein authentisches Beziehungs-Netz, was unser Leben leben lässt, ist unabdingbar mit allem verflochten. Sein Gelingen *vs.* Mißlingen entscheidet sich an dem in der Identität der Kern-F zugrunde liegenden Imperativ. Die unerlässlich hier zu stellende Frage ist, ob die verursachenden Motivations-Kräfte des Imperativs aus der Identität oder aus den ihr entgegen gesetzten Kräften – der verdunkelten Differenz – bestimmt sind: repräsentiert der zu aktualisierende Imperativ das Leben, dessen Wille, ausserdem, ist unser Wille gewillt, damit in Einklang zu sein, dann verliert der Imperativ seinen zwanghaften Charakter, oder kommt die imperative Aufforderung aus einer Verfremdung des Lebens, wodurch Unterdrückung, ja Schädigung geschieht. Mit anderen Worten: kann die imperative Aufforderung in Freiheit – auf sie hin – empfangen werden, da sie durch Dispositionen, das Unfrei-sein aus der Differenz, nicht beeinträchtigt ist, oder ist es das uns Binden-wollende, die in der Differenz einlagernde Verengung des Lebens, was jedoch im imperativen Anspruch selbst verdeckt bleiben kann, um das repressive Moment besser zur Wirkung zu bringen. Wird menschliches Ansinnen – oftmals sich selbst nicht voll bewußt – unter dem Anspruch des Davon-freiseins als Handlungs-Maxime eingefordert, dann kann ein Leben nicht gelingen.

Die Ausfaltung des Imperativs des Lebens lässt sich in fünf Akt-Feldern, bezogen auf die Identität der Kern-F, auslegen. [b] Zunächst werden die ihr sich fundamental widersetzenden Akte benannt, um gegen-gespiegelt das die Identität Auslegende zu verdeutlichen. In der Konfrontation der [ausschließlich] Identitäts- mit den [ausschließlich] Differenz- bezogenen Akten geht es um das Offenlegen der Prinzipien des Lebens, sein Mit- und Zueinander-sein:

A – der Eigen-Wille

Das ich-zentrierte Bewusstsein, dem sich der Wille aufgrund seiner Einwilligung als Eigen-Wille mit der Vernunft unterwirft, ist die Basis seiner intentionalen Aktualisierung für alle das Leben zu unterdrückenden und zu schädigenden Akte;

– der mit dem Leben geeinte Wille

Das Authentische der Identität läßt dem Menschen seine Akte von allen Formen der Unterdrückung und Gewalt frei setzen, denn seine Intentionalität ist von solch einem Ansinnen nicht berührt;

B – die Lüge

Die Lüge des Egos – womit es sich selbst belügt – ist: es sei selbst das Maß für das Legitime. Alle seine Handlungs-Prämissen haben darin ihren Grund;

– das Wahre

Das Authentische der Identität ist dem Wahren zugetan, es lässt dem Menschen die Wahrheit erkennen und ihn wahrhaftig sein, um das Leben mittragen zu können;

C – etwas Haben-, Sein-, Wissen-wollen

Der Ich-Kosmos kann aus sich selbst nicht bestehen, die Kräfte aus der Identität nicht entbehren. Da er jedoch gegen das Leben steht, kann er diese Kräfte nicht in natürlicher Weise empfangen, sondern muss sie stehlen wie ein Dieb. Hierin zeigt sich die Gier, wenn möglich, alles an sich zu reißen;

– die wahre Leere

Im Authentischen der Identität ist keinerlei Anspruch, etwas zu besitzen, weder im Haben-, noch im Sein-, auch nicht im Wissen-wollen: alles ist Teilhabe für alle im Maß des Empfangens;

D – die Entzweiung

Jeder Mensch hat unbewußt das Verlangen, mit sich selbst identisch zu sein. Soweit er versucht, die erfahrene innere Kluft mittels des Kollektiven zu füllen, vertieft sich sein Mangel. Anstatt dass er sein Identisch-werden findet, gerät das mit dem Ich-Willen sich identifizierende Bewußtsein in Entzweiung und Zerwürfnis, denn diese Art von Identifikation – gebunden im Phänomenalen – läßt das innerweltlich dualistische Wertschätzen nicht überschreiten;

– das wahre Identisch-sein

Gründet das *Mit-sich-selbst-identisch-sein* in der Identität der Kern $_F$, wird es mit ihr identisch, dann ist die Intention seiner zu setzenden Akte auf das maximal Leben-ermöglichende des Mit- und Zueinander ausgerichtet;

E – die Verneinung des Lebens

Die Ur-Intention alles Leben-zerstörenden ist das Greifen nach der Identität der Kern-$_F$, um sie dem ichhaften Verfügen – wie er in illusionärer Weise glaubt – zu unterwerfen. Das ist eben der Virus, dessen ursündliches Wirken sich der Mensch oftmals nicht bewusst ist;

– die authentische Gegenwart

Geeint aus und mit der Identität der Kern-F erkennt und akzeptiert der Mensch – ohne warum – das Voraus seines Daseins: das Leben-Selbst. Er ist sich dessen bewußt, dass jede Art von dualistischer Sicht im Widerspruch zum Leben-an-sich steht, was eine Trennung von sich selbst und vom Lebens-Ganzen bedeutet. Das ist die Erfahrung der authentischen Gegenwart, in der jegliche Verobjektivierung – das *An-etwas-haften*, was es auch sei – erloschen ist.

Der Darlegung von Prinzipien des Lebens liegt die Absicht zugrunde, das Nicht-aussagbare der Identität der Kern-F sinndeutend mittels der gegebenen positiven als auch negativen Akt-Felder zu beschreiben. Die mit ihr identischen wie auch die zu ihr konträren Akte bezeichnen nicht das übliche, sondern das ausschliesslich Identitäts- bzw. Differenz-bezogene Handlungs-Feld. Das aus dem Geeint-sein mit der Identität vollzogene Handeln ist der erwachte Seins-Stand, der dennoch keine durchgehende Erfahrung ist.Dasselbe gilt auch für die aus dem Gebunden-sein mit der Differenz durch Initiation erweckten konträren Potenzen.

Das Schema der dargelegten Prinzipien des Lebens – ausschließlich Identitäts- vs. Differenz-bezogen – ist durch die Grund-Regeln der Reinigung des Bewußtseins zu ergänzen, nämlich durch *Übung und Verzicht* müssendie Widerspruchs-Akte der Differenz zur Identität aufgehoben und in diese integriert werden, oder aber – willentlich, aus Ignoranz – desintegriert sich die Differenz von der Identität und gerät in einen Gegensatz zu ihr:

a – Lauterkeit

Achtsamkeit, Wachheit: die Torhüter der Sinne, die alles abweisen, was sich als Widerspruch zur Identität – das Nichtübereinstimmen mit ihr – zeigt;

– Dunkelheit

Das – aus den Dispositions-Feldern manipuliert – unachtsame Handeln, dessen Wiederholung das Bewusstsein zusehens trübt;

b – Gesammelt-sein

Im Hier und Jetzt – im authentisch Gegenwärtig-sein – sind Entschiedenheit und Gleichmut in den Turbulenzen des sich ereignenden Lebens zu bewahren, um das, was ist, zu bestehen;

– Zerstreut-sein

Ein zerstreutes, nicht zur Ruhe kommendes Herz ist deshalb, weil es in seinem Durst draußen etwas sucht, auf der Flucht vor sich selbst, auf diese Art versucht es seine Mangel-Erfahrung blindlings zu bewältigen;

c – Reinigung

Die aus dem Lebens-Impuls gespeiste Intention ist: mittels *Übung und Verzicht* alle Unehrlichkeit und Unaufrichtigkeit zu erkennen, um davon frei zu werden;

– Verschmutzung

Aus unaufrichtig vollzogenem Leben, dem in schuldhaftes Handeln Verstrickt-sein, gebiert sich eine illusionär erzeugte, anmassende Selbstsicherheit, die der Lebens-Ordnung trotzt;

d – Erkennen des Selbst

Das Aufdecken und Durchschauen des sich Identifizierens mit dem Ichhaften, um die in Unwissen gebundenen Akte zu überwinden und so identisch zu werden mit der Identität der Kern-F;

– Unwissen

Die falsche Selbstsicht aus der Identifikation mit dem Ich-Kosmos bindet in Unwissen und kann sich deshalb selbst nicht einsichtig werden, dass sich die sedimentierten Widerspruchs-Dispositionen aus dem Vergangenen lösen müssen;

e – Gelassenheit

Gewahr werden: das empfangene Leben ist kein Besitz, sondern ist eigen dem Leben-Selbst. Seine Entfaltung – geleitet aus der Identität – ereignet sich in der authentischen Gegenwart, hierfür muss sich der Eigen-Wille in einen *Gegen-Willen* wandeln;

– Ich-Anhaftung

Der lebensverweigernde, aus Arroganz geborene und aus Ich-begierde gesteuerte Eigen-Wille trotzt dem Leben-Selbst, alles versucht er den Eigen-Interessen zu unterwerfen.

Mit den Grund-Regeln der Reinigung des Bewußtseins will das Vermischte des vertrauten Handlungs-Feldes thematisiert werden. Das sich konträre Ausrichten der Akt-Felder führt entweder zur Integration der Differenz in die Identität, auf dass Befreiung aus Mißbrauch und verdinglichter Gewalt des psychosomatischen Organismus geschieht, oder aber zur Des-integration der Differenz von der Identität, wodurch sich diese egozentrisch verfängt, ja darin wurzelt; hier lässt sich zeigen, was mit *Aus-dem-Leben-herausgefallen* gemeint ist[c].

Das Schema der hier dargestellten Handlungs-Felder darf nicht als real gegeben verstanden werden, sondern sowohl das ausschließliche als auch das vermischte Feld sind nur von unserem Bewußtsein so wahrgenommen. Die Tatsache, dass die Identität nicht vermischt werden kann, darf nicht übersehen werden. Der unvermischt am Leben-Selbst orientierte Wille setzt seine Akte in Übereinstimmung mit der Identität. Der vermischt am Ichhaften orientierte Wille setzt seine Akte korrespondierend mit dem Identifikations-Feld der Differenz.

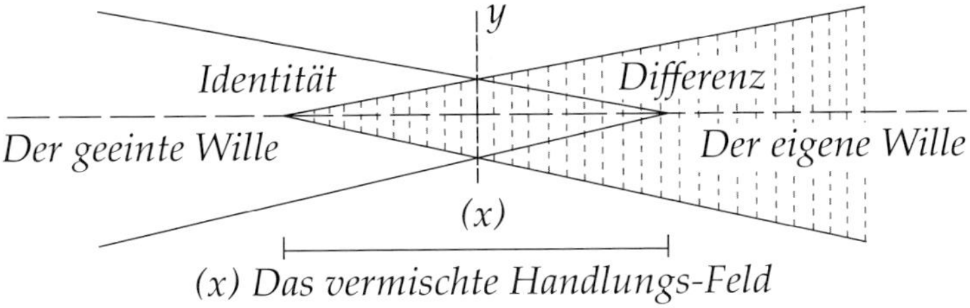

Das Erkennen des Eigentlichen der Differenz und das der Identität ist die Bedingung für das existentiell authentische Wahrnehmen allen Mit-seins: ihr klar sich unterscheidendes Bezogen-sein wird nicht mehr vertauscht. Sind die Vermögen der Materie – sowohl die Wirkweise als auch die Wirkweite ihrer Energien – durch *Übung und Verzicht* entstört und ihrer Übereinstimmung zugeführt, gewinnt das Leben sein ihm gemäßes Wirken; alle Machenschaft verliert ihren Sinn.

Die krankhaft selbsttätigen Antriebs-Kräfte, die das Bewußtsein in einer ruhelos sich bewegenden Anspannung halten, sind zunächst aufzudecken und ihr im Vergangenen gebundener Widerspruch – Dispositionen – zu entstören. Diese Art der Reinigung der Intentionalität lässt das gefangene Bewußtsein in seine natürliche Bestimmung zurückfinden: es wird aktiv, sofern ein Impuls des Willens hierzu auffordert, wenn nicht, beharrt es frei von Objekten und ist disponiert für die zu setzenden Akte. Als ein erstes Ergebnis von *Übung und Verzicht* eröffnet sich eine zuvor verschlossene Dimension von Erfahrung: die je spezifisch hierfür disponierten Energie-Felder des Phänomenalen mit ihrem Moment des Stetig-seins[d] und das von seinen Objekten befreite Bewusstsein treten in einen konstitutiven Austausch, in dem das zuvor erfahrene sich Ausschließen des Ichs und des Anderen sich verliert und sein notwendiges Korreliertsein entdeckt wird; diese Art der Kommunikation wird möglich, soweit die ungeordneten Energien zum Schweigen gebracht werden.

Die hier erfahrene, im Aktiv-sein verhaltene, kosmische Stille ist eine der ersten Früchte des *Wahr-nehmens* authentischer Gegenwart, in der sich die figurierenden Objekte auflösen. Das diese Stille belebende Moment ist der in seine Natürlichkeit zurückgefundene Atem. Da er aus der Identität der Kern-F unmittelbar seinen Lebens-Impuls empfängt, kann – ja will – er in die Abgründe unseres Daseins führen. Aufgrund der unverfügbaren Dimension des Seins im Atem geschieht ein kosmisches Aufschließen: es ist das Gewahr-werden, mit der ganzen Kreatur zu atmen. Darüber hinaus vollzieht sich ein inneres Erschließen von zuvor Verschlossenem, wodurch dem in Verblendung gebundenen Bewußtsein sich die Dimension des Wissens auftut. Klar schaut der Erfahrende hier seinen Widerspruch zum Leben-an-sich, der nun seiner Auflösung zugeführt werden kann; da sich derartige Seins-Bereiche durch das vorstellend erwägende Bewußtsein, das weitgehend in Unwissen gebunden bleibt, nicht öffnen lassen, sind sie – ihr Bewusst-werden betreffend – auf die existentielle Erfahrung verwiesen.

Soweit das erkrankte, nicht zur Ruhe gekommene Bewusstsein sich durch *Übung und Verzicht* entstört und mit dem in seine Natürlichkeit zurückgefundenen Atem kooperiert, lassen sich die Sinne aus ihrem Vagabundieren entbinden, um an der neu sich etablierten Ordnung zu partizipieren; das ist der Weg, der auch sie – die Sinne – aus ihrem Entfremdetsein befreit. Das ausschließlich im Phänomenalen gebundene Erfahren kann sich nun öffnen hin auf das Raum-Zeit Überschreitende und davon Unabhängige, das das *In-Erscheinungtreten* des Lebens verursacht.

Die Raum-Zeit überschreitende Dimension des Lebens kann sich im Erfahren der Identität der Kern-F vollziehen; in diesem neuen Seins-Stand der Leere kann das von seinen Objekten befreite Bewußtsein dem Leben in Wahrheit begegnen. Diese Erfahrung ist das wachgerufene Identisch-sein, was die authentische Individualität ahnen läßt; zuvor haftete in Täuschung und Verblendung gebunden das Sich-identifizieren an den Bezugs-Objekten, außerdem, es wird deutlich, wie das Wahrnehmen seiner Individualität in Einbildung und Wahn befangen war.

Um mit der überzeitlichen Dimension des Lebens geeint zu werden, müssen drei Wirklichkeiten uns gegenwärtig sein: die Vergänglichkeit, das Nichts des Eigen-seins und das Worauf-hin des Lebens. In selbstloser Aufrichtigkeit, – bestimmt aus dem Lebens-Impuls – müssen diese drei Wirklichkeiten im Handlungs-Akt wirksam werden, um das Mensch-sein ganzheitlich einlösen zu können. Ist im zeitlichen Akt des Handelns das Überzeitliche gegenwärtig, kommt ihr aufeinander Bezogen-sein zum Tragen und wird fruchtbar.

Woraufhin zielt Fruchtbar-werden? Die materie-gebundene Dimension – ihr Faktor des Vergänglich-seins – ist ambivalent: selbst im *vom Vergehen Bedroht-sein* ist konstantes Beharren, metaphorisch ausgedrückt, selbst in der Finsternis ist Licht. Mit diesen beiden Eigenschaften berühren wir ein wesentliches Moment nicht nur der Materie, sondern auch der mit ihr korrespondierenden Lebens-Funktion des Daseins, die sich selbst einsichtig werden kann, woran die Materie Anteil haben soll, ja muss. Indem ein Dasein sich einsichtig wird, aus der Identität der Kern-F erwacht, ist dies nicht nur ein Erwachen in sich selbst, sondern es tangiert ebenfalls sein Bedingungs-Feld, die Materie, wodurch sich eine ihm zuvor verschlossene kosmische Wirklichkeit auftut. Nun kann der Mensch erkennen, dass das Gelingen seines Lebens nicht zu trennen ist von seiner Beziehung zur Schöpfung: wie er an ihr in umfassender Weise partizipiert, so ist ihrerseits auch sie darauf verwiesen, am Dasein des Menschen zu partizipieren; auch die Schöpfung harrt, befreit zu werden aus der Verknechtung durch die in ihr lebensfeindlich wirkenden Kräfte.[9]

Hier berühren wir die Nahtstelle der Wirk-Felder: Leben vs. Tod. Erwacht der Mensch nicht zum Leben, sondern bleibt gebunden in seinem Materie-Anteil, dann lichtet sich für ihn die ihn umgebende Lebens-Welt ebenfalls nicht, auch sie bleibt unfrei und dunkel. Solch eine Finsternis des Bewusstseins bildet die Verstecke, in denen sich die Mächte, die in ihm Misstrauen stiften, etablieren.[e] Dies zu durchschauen und seine das Leben schädigende Beziehung aufzudecken und zu lösen, führt zur Frage, wie ist mit dem, was das Böse genannt ist, in Wachheit zu verfahren.

Wenn wir die negative Wirk-Kraft als ein Etwas verstehen, das in der phänomenalen Welt gegen das Leben-an-sich agiert, es zu schädigen trachtet, ist das zwar nicht falsch, aber hier lauert doch eine Versuchung, dass jene Kraft aufgrund ihrer scheinbaren Nicht-Präsenz von uns übersehen und letztlich vergessen werden kann und will, indem sie sich in unserer Vorstellung als etwas Harmloses verflüchtigt; dazu tendieren wir auch deshalb, weil wir das Böse an sich im Endeffekt nicht zu fassen vermögen.

Um dem genannten Trugschluss nicht zu erliegen, dürfen wir, was das Wirken der negativen Kräfte in dieser Welt betrifft, ihr personal initiierendes Moment, das in einer gewissen Analogie zur Initiation des Lebens zu sehen ist, nicht außer acht lassen. Was ist mit *personal-initiieren* gemeint?[f] Zunächst ist festzustellen, dass sein tiefstes Moment Raum und Zeit überschreitet. Auch alles, was räumlich und zeitlich wahrnehmbar ist, hat als seine Ursache – aktiv oder passiv – Anteil an diesem Moment. Die Geschöpfe, die sich selbst einsichtig werden können und deshalb die Entscheidung für oder gegen das Leben zu treffen vermögen, sind zu unterscheiden von aller Kreatur, der dieses Vermögen nicht gegeben ist. Zwar können durch sie Initiationen geschehen, aber nur aus der in allem gegenwärtig wirkenden Lebens-Kraft. Sie selbst ist durch das Geschöpf initiatorisch handelnd und nicht das Geschöpf aus sich, es ist nur Medium der Erfahrung. Deshalb können wir auch auf dieser Ebene unseres Lebens-Vollzugs die Erfahrung, initiiert zu werden, machen. Es gibt aber Menschen, die aufgrund ihrer Willens-Einung, sei es mit dem Leben-Selbst oder in Gemeinschaft mit den dem Leben widerstreitenden Kräften, einen anderen Menschen initiatorisch zu treffen vermögen; die Willens-Einung mit der Kraft des Lebens oder mit der Kraft, die dem Leben entgegen wirkt, ist hierfür vorausgesetzt. Außerdem setzt jede Art, initiiert zu werden, ein entsprechendes Disponiert-sein voraus.

Wie ist dem aus dem Leben-Selbst Herausgefallenen die Initiation möglich? Dies deshalb, weil im zu Initiierenden ein Etwas, das mit der intendierten Initiation korrespondiert, gegeben ist. Hier geht es um eine Initiation, durch die das Initiierte nicht vom Licht des Lebens, sondern von Finsternis erfasst wird, was zur Auflehnung gegen das Leben führt. Die gegebenen Vermögen, die das Leben seine mit sich übereinstimmende Gestalt gewinnen ließen, sind jetzt ich-zentriert ausgerichtet. Anstatt frei geworden zu sein, ist der Mensch aufgrund des initiatorischen Empfangens im materie-bezogenen Anteil seines Daseins festgelegt. Gewöhnlich nehmen wir die uns in Finsternis bindende Initiation nicht wahr. Deshalb können wir darauf bestehen, unsere Sicht sei frei von jeder Art der Manipulation. Die wahre Freiheit aber – frei zu sein – liegt darin, dass durch unser Handeln keinerlei Minderung des Lebens geschieht.

Die authentische Initiation des Lebens ist eine Korrespondenz mit der Identität der Kern-F; liegt aber der Initiation eine lügenhaft sich einschleichende Intention zugrunde, korrespondiert sie mit den Dispositionen der Differenz. Mittels dieses gegebenen Unterschieds – das Korrespondieren mit der Identität, im andern Fall mit der Differenz – lässt sich der Begriff *Person-sein* so wie im Akt des Initiierens ebenfalls differenzieren. Person-sein in seinem authentischen Verständnis bezieht sich auf den existentiellen Kern eines Seins, was sowohl sein Verwiesen-sein auf das Leben-Selbst als auch die Entfaltung seiner in es gelegten Vermögen umfasst. Der Begriff Person-sein lässt sich in authentischer Weise auf die dem Leben sich widersetzende Kraft, genannt das Böse, das das Leben eines Menschen, seine in es gelegte Ausrüstung zur Vollendung, verhindert, sogar die gegebenen Vermögen gegen sich selbst richten lässt, nicht anwenden. Mit dem, was initiiert, ist immer ein Wesen als ein ganzes ausgesagt: sei es das Leben-Selbst, ein Mensch oder die das Leben negierenden Kräfte. Da Person-sein auf die Einheit mit dem Leben zielt, ist dies für das Böse nicht zutreffend; sein Person-sein ist nur ein vorgetäuschtes, ein zum Verderben führendes Spiel. Was nicht übersehen werden darf, ist, dass aus der Neigung des Initiierenden zum Initiierten eine aufeinander bezogene Zugehörigkeit entsteht, die entweder das Leben-Selbst oder den Widersacher, den Vater der Lüge zur Ursache hat;[10] in diesem Geschehnis ist der initiierende Mensch auch nur Medium.

Die aufgeführten Benennungen sind aus der existentiellen Praxis zu erschließen, damit wir dem missverständlichen und deshalb missdeuteten Begriff *Person-sein* nicht zu erliegen. Die initiierende Funktion im eigentlichen Sinn, der existentielle Grund eines Seins, ist konkret nicht aussagbar, sondern es kann nur mithilfe analoger Bezeichnungen darauf verwiesen werden, dies, sei es die Identität der Kern-F, sei es das Leben-Selbst, oder die aus dem Leben heraus gefallenen dämonischen Kräfte.

Auch wenn die Mächte, die das Leben zu zerstören trachten, von *Person-sein* klar zu unterscheiden sind, wäre es doch ein großer Irrtum, ihnen das Einfluß-nehmen auf unser Menschsein abzusprechen, denn aus Unachtsamkeit im Umgang mit dem Leben erhalten sie die Chance, einen Zutritt zum instrumentellen Bewusstsein zu finden. Die für jene Kräfte dadurch sich ermöglichende Korrespondenz, um uns zu schädigen, nötigt zur Achtsamkeit.[g] Gewährt das instrumentelle Bewusstsein in seinen zu setzenden Akten dem Bösen Einlass, dann wird es zum kommunizierenden Gegenüber von diesem. Die existentielle Erfahrung der hiermit entstehenden dunklen Partnerschaft gibt sich als ein Mittel der Täuschung den Anschein einer personalen Beziehung, dies wird dadurch möglich, dass das authentische Person-sein aufgrund der nun gegebenen Konstellation verraten ist.

Anm. a: Das Weinberg-Gleichnis, in eine bestimmte Situation hinein gesprochen, ist im Hinblick auf die **Winzer** *als gültig – ohne Ausnahme – thematisiert; das 'wem mehr gegeben, von dem wird mehr gefordert' soll hiermit nicht nivelliert werden, sondern hierbei geht es darum, das in allen gegebene Versteck, die Ursache des Wider-Sinns zum Leben, aufzudecken; mit diesem Gleichnis lässt uns Jesus im Spiegel Seiner eigenen Geschichte, indem Er sie offen legt, unser eigenes Herz schauen.*

Anm. b: Angeregt durch das Sutra des Patanjali ist hier versucht, die Identität der Kern-$_F$ *hinsichtlich ihres Anspruchs zu deuten: die in ihr grundgelegten Prinzipien des Lebens und das, was sie eint, zu erkennen; im Ausfalten der Prinzipien läßt sich ihr notwendig einendes Moment offen legen. Der gegen-gespiegelten Auslegung liegt die Absicht zugrunde, das Hindernis, das dem Einlösen der Prinzipien im Weg steht, klar im Blick zu haben, um einem Scheitern auf dem Weg ihrer Einholung zu entkommen. Im Spiegel des Wahren will sein Gegenüber deutlich erkannt werden. Um das Wahre einzulassen, ist es notwendig, das Unwahre aufzudecken, da erst hierdurch Raum für die Aufnahme des Wahren entsteht.*

Anm. c: Die die Ordnung störenden Motivations-Kräfte sind im Verhältnis der Differenz zur Identität der Kern-$_F$*, worin sich ihre gemeinsame Wurzel ermitteln lässt, aufdeckbar:*
– Gier – materiell, geistig, geistlich – entsteht, um das Bewußtsein des verlorenen authentischen Identisch-seins durch die ich-zentrierte Identifikation zu ersetzen;
– jegliche Art von Gewalt-Tat hat seine Wurzel in der zum Zorn erregten Differenz, die die Mahnung der Identität, nicht gegen das Leben zu handeln, unterdrückt;
– Unwahrhaftig-sein spiegelt die etablierte Feindschaft der Differenz zur Identität, es ist Ausdruck der Überhebung aus Stolz, der nicht duldet, über sich etwas zu haben;
– Neid fasst seine Wurzel in falscher Selbsteinschätzung. Wie ein Dieb entwendet das neidische Herz in der Differenz die Lebenskraft aus der Identität, um diese in absurder Weise zu unterdrücken, ja letztlich zu verneinen;
– Mangel mit sich selbst, nicht in Einheit mit der Identität zu sein, verursacht Aufruhr in der Differenz, der sich als Gier, Zorn, Stolz und Neid ausdrückt. Sie sind die Mittel, um den Mangel mit einer vermeintlichen Beute zu befrieden.

Anm. d: Mit **Stetig-sein** *soll die Ambivalenz von Aktiv-sein in verhaltener Stille – das semantisch leere Feld für Kommunikation überhaupt – zum Ausdruck gebracht werden.*

Anm. e: Dass der Mensch seine aus dem unerwachten Bewusstsein zu setzenden Akte hinlänglich der jeweils zu bewältigenden existentiellen Situation angemessen erfährt und für relativ unproblematisch halten kann, außerdem der Impuls zu erwachen nicht wahrgenommen wird, lässt sich teilweise erklären durch die negativ-analoge Parallelität der Akt-Muster, die sich gemäß der konstitutiven Beziehung zwischen Schöpfung und Dasein aktualisieren. Aufgrund dieser Parallelität lässt sich das negierende Moment leicht übersehen und die in den Akten wirkende negative Analogie kann täuschen, dass der Handelnde meint, sogar in einer Art von Gewissheit lebt, sein Erkennen und Tun sei fraglos richtig und gut.

Anm. f: Zu Initiation: was initiiert?
– das Leben-Selbst einen Menschen;
– der Mensch einen anderen Menschen – positiv / negativ;
– die dämonische Kraft einen Menschen;
Licht vs. Finsternis kann auch mit der in der Materie gegebenen positiven/ negativen Kraft in eine initiatorische Beziehung treten. Folglich gibt es verschiedene Dimensionen von Initiation, eindeutige und vermischte: die das Leben Entstörende, Öffnende, Heilende, Befreiende; die das Leben Zerstreuende, Irritierende, Manipulierende, Verknechtende, Bindende in Krankheit sowohl leiblich als auch seelisch, Verschließende, Zerstörende.

Allein die Kraft des Lebens vermag in das Innerste eines Menschen einzudringen, die das Leben verneinende Kraft aber nur bis zur Differenz der Kern-F. Dem Negativen öffnet sich der Mensch aus Unwissen. Unwissen ist die Ursache für das Anhaften an die von ihm kreierten Objekte. Sein hierdurch verursachtes Herausfallen aus der Einheit mit sich selbst ermöglicht der negativen Kraft den Zugang zum instrumentellen Bewusstsein. Ein personaler Akt des Entscheidens für das Negative gewährt ihm ebenfalls den Zutritt. Auch die Kräfte der Natur können nur mit den mit ihnen korrespondierenden Kräften – wie mit Licht und Finsternis – initiatorisch wirksam werden; in dieser Hinsicht partizipiert der Mensch an den Kräften der Natur.
Was muss initiiert werden:
– Gewissenhaftigkeit in den Akten des Bewußtseins;
– transparenter – authentischer – Glaube;
– das Verlangen nach dem Leben aus und im Leben-Selbst;
Wie muss initiiert werden:
– aus dem Erwacht-sein der Identität der Kern-F;
– durch das dem Leben-Selbst Zugetan-sein;
– gespeist aus der Akt-Dynamik des Leben-Selbst;
Was muss mittels Initiation gelöst werden:
– das durch Anhaftung verursachte Angehäufte, die Dispositionen;
– der Widerspruch aus der Genealogie;
– das Ursündliche-getroffen-sein, das was letztlich das Tor zum Leben verschließt;
Die Auflösung der drei Illusionen, die das Leben nicht gelingen lassen wollen, sind:
– das Erkennen all dessen, was nicht mit dem Leben übereinstimmt, der Widerspruch zu ihm;
– die Desillusionierung dessen, was verhindert, den Weg zum Leben klar zu erkennen;
– die Unkenntnis – den Unglauben – an das Leben-Selbst zu überwinden;
Gier, Zorn, Unwissen sind hier die psychosomatisch wesentlich bestimmenden Hindernisse.
Im Prinzip gibt es drei Bereiche von positiver / negativer Initiation:
a) ausstatten – mit dem, was zum Leben führt vs. was zum Tod führt;
b) zerstören – Leben-Schädigendes vs. Leben-Stützendes;
c) erwecken – das Licht des Lebens vs. die Finsternis des Todes;
Wohl denen, die in offener Wachsamkeit aus der authentischen Gegenwart handeln, die sich bewusst sind, dass das kreieren von Objekten – materiell / ideell – die Einfalls-Tore für das Böse sind. Wogegen die objektfreie Gegenwart diese Tore für das Leben-Zerstörende nicht öffnet. Allerdings gibt es auch Initiationen, die das noch kindlich-unerwachte Bewusstsein angehen; im Falle einer negativen Initiation ist solch ein Handlungs-Akt ein schweres Vergehen am Leben, letztlich gegen das Leben-Selbst.

Anm. g: Achtsamkeit hat ihren Gegenpart im Zerstreuen, gesteuert aus der Ich-Du-Trennung ist es fixiert auf seine Objekte. Sammeln sich die zerstreuten Vermögen im Atem, in dem sein unabdingbares Verwiesen-sein gegenwärtig ist, stellt sich die Achtsamkeit ein. Das Charakteristikum des erwachten Seins-Standes ist das Erkennen all dessen, was dem Leben Feind ist. Achtsam-sein hat seinen authentischen Ort im Handeln selbst.

Des Lebens Gesetz

Setzen wir Lk 15,11-32 zu Kapitel III und IV des *Saddharmapundarika-sūtras* in Beziehung, lässt sich durch die gegenseitige Spiegelung das Intendiert-Lehrhafte in den Gleichnissen erhellen, ja vertiefen. Beide Parabeln spiegeln im Prinzip dieselbe Grundthematik: die unergründliche Güte des Vaters und die abgrundtiefe Blindheit der Söhne. Unser existentielles Vernetzt-sein, das Dasein in seinem sichtbar-unsichtbaren Ereignis-Feld, vollzieht sich als Teilhabe sowie als Teilnahme in der Spannung von Gelingen und Mißlingen.

Die Parabeln zeigen, wie ‚das aus dem Leben Herausgefallene' wach wird, in seine ihm eigentliche Sinn-Existenz zurückfindet und eingesetzt wird; ohne dieses Erwachen fällt der Mensch in weitere Irrtümer. Es geht darum, die sich kreuzend unterscheidenden Handlungsweisen – die des Herausfallens, die des um das Erwachen des Verirrten Ringenden und die des Zurückfindens – in ihrem Verwoben-sein offen zu legen.

Das Herausfallen aus der Lebens-Einheit ist in jedem Dasein als Möglichkeit durch die Geburt – im Gestimmt-sein seiner Genealogie und den darauf entsprechend einwirkenden Sozial-Feldern – gegeben. Hier ist der Grund zu finden für die Störung des Nicht-erkennens, durch die dem Menschen die Einsicht in seinen – ihm eigentlichen – Seins-Stand vereitelt ist. Aus dem Gestört-sein, das ihn von der authentischen Erfahrung seines Ur-Standes trennt, entfaltet sich das Ichhafte und dominiert das Leben je entsprechend den zuvor genannten Gegebenheiten. Um diese Dominanz – ihre nicht zu fassende Sinnwidrigkeit – aufzubrechen, ist das in Not-geborene, als ein diesen Zustand erschütterndes Moment, erforderlich. Erst aus dieser Erfahrung vermag dem Menschen der in allem Dasein waltende Ur-Stand in den Blick zu kommen. Unerlässlich ist diese Einsicht, um von den Ich-Bindungen befreit zu werden; aber auch, dass der Ich-Kosmos existent sein kann, ist auf den Ur-Stand verwiesen. Hier berühren wir den freizulegenden Nerv all dessen, was das gleichnishaft Intendiert-Lehrhafte in den Parabeln vermitteln will: das verdinglichte Dasein ist umfangen vom Leben-Selbst, durch das das Unfreie befreit und in seinen Ur-Stand gesetzt werden will. Soll dies gelingen, dann muss sich das Frei-gewordensein dem An-sich-frei-sein völlig überantworten. Kurz: das im Ur-Stand gegebene Frei-sein des Menschen in ihm zu erwecken und in das Frei-sein-an-sich zu integrieren, ist der Kern in den zu kommentierenden Parabeln.[1]

Die Text-Passagen, die einen mehr metaphorischen Charakter haben, sollen nicht nur als Einstieg ein Zugeständnis an den Leser sein, sondern die verbildlichte Darstellung will den Horizont des diskursiv-relativierten Verstehens erschließen. Soll das zu Vermittelnde – der Ur-Stand des Selbst – erfasst werden, muss das Moment der intuitiven Anschauung zum tragen kommen; der Ur-Stand des Selbst darf nicht als unbewusste Subjektivität aufgefasst werden, denn solchen Kategorien unterliegt er nicht. Der Versuch, in Metaphern gekleidete Aussagen diskursiv einzuholen, scheitert; dies führt in der Regel zur Blockade des zu Vermittelnden und nicht zur Überwindung des Schematismus von Ursache und Wirkung. Unser Dasein soll vielmehr in seinem ihm zugrunde liegenden Akt-Feld transparent werden. Dies wird möglich, wenn das Hindernis der Anhaftung an die Welt der Erscheinungen und Vorstellungen, die Diskrepanz zwischen dem *Eigen-sein* und dem *Anders-sein* überschritten wird, um das einheit-stiftende Moment – die authentische Basis für das Handeln – ins Blickfeld zu rücken; dieser Durchblick wird aus der Einsicht in das eigene Fehl-gestimmt-sein geboren.

Ist der Anstoß zum Aufbruch aus dem *selbst erzeugten Leiden* geglückt, dann beginnt für den Verirrten ein mühsamer Weg, reich an vielfältigen Hindernissen, deren Bewältigung ihm äußerstes abverlangt, denn: viele brechen auf, nur wenige kommen an. Weg-marken, geprägt in verschiedenen Traditionen, wollen deshalb die Aufbrechenden auf ihren Wegen vor neuen Irrtümern bewahren und für sie Weisung sein, um den Hindernissen nicht zu erliegen. Im *Sūtra* des *Hui Neng*, des Sechsten Patriarchen,[2] finden sich im Kapitel ‚On Repentance' paradigmatische Weg-marken, auf die hier zur Sinndeutung des Weges zum Erwachen verwiesen wird.

Weg-marken – in ihrer hier verwendeten Bedeutung – sind geboren aus der Erfahrung des Auf-dem-Weg-seins und zielen demzufolge auf die Einholung des Weges. In ihrer Umsetzung liegt jedoch für die auf den Weg sich Begebenden eine nicht zu unterschätzende Klippe, nämlich einem Fehlschluss in der Überzeugung zu erliegen, als ließe sich das zu Vermittelnde über das instrumentelle Bewusstsein eingeholt umsetzen und führe so zur authentischen Praxis; dies käme einem das Gelingen verhindernden Irrtum, ja einer Selbsttäuschung gleich.

Das Vollziehen der Kehre ist von Anfang an auf das Gegenwärtig-sein des Ur-Standes verwiesen; von ihm her und auf ihn hin will dem Bemühen das Gelingen geschenkt werden. Im Einlösen lässt sich die Reinigung und so die Entstörung der Vermögen des Erkennens von den diesem Ziel abträglichen Bewusstseins-Akten vollziehen. Entscheidend ist, dass die Zeitphasen der sich selbsttätig ereignenden Akte im Bewusstsein eine regressive Tendenz aufweisen, was sich durch die entschiedene Ausrichtung auf das Ziel des Weges – den Ur-Stand – einstellt. Mit anderen Worten: soll der Anlass zum Aufbruch des ersehnten Ziels führen, muss dem auf den Weg sich Begebenden das Moment des In-die-Pflicht-genommenseins im Gegenwärtig-sein seiner Differenz zum Leben-Selbst derart binden, dass die ihn beraubenden und vom Weg abhaltenden Zerstreuungen keinen Einlass finden. Das In-der-Pflicht-stehen ist für das Gelingen des Weges ein grundlegender Akt, dessen Impuls dem Ur-Stand entstammt. Hierdurch wird nicht nur das Vom-Weg-abkommen entschärft, sondern dieser Impuls will sich soweit verdeutlichen, bis letztlich das Ziel klar und eindeutig *in Erscheinung tritt*, ja, selbst zur Erfahrung wird.

Im antizipativen Akt – gerichtet auf das in der Identität und Differenz[3] je Gegebene – muss das Je-schon und das Noch-nicht zur Einheit geführt werden. Aktualisiert sich diese Intention im Vollzug der Kehre, dann lässt sich die Komplexität des Daseins in seinen Grund-Vermögen aufschlüsseln. Im Bewusst-werden der Spiegelung des Noch-nicht im Je-schon, bezogen auf die jeweilige Funktion, wird dieses für jenes tragend und kann seiner Integration zugeführt werden; dies deshalb, weil dem Widerspruch seine Handlungs-Basis dadurch nicht nur aufgedeckt, sondern auch entzogen ist.

Im Akt der personalen Übergabe an die Lebens-Funktion – Identität der Kern-$_F$ – , der personal-commun zu vollziehen ist, ist derjenige, der sich für den Weg entscheidet, aufgefordert, das Noch-nicht an das Je-schon auszuhändigen. Durch das im commun-personalen Spannungs-Feld vollzogene Überantworten des Widerspruchs soll sowohl das Je-schon als auch das Noch-nicht im Bewusstsein des Einzelnen manifest werden. Dadurch, dass der Weg von seinem Eingeholtsein dargelegt und vermittelt wird, soll denen, die die Weisung empfangen, die Möglichkeit, in diesen Weg initiatorisch einzutreten, eröffnet werden.

Unser Leben – das Miteinander – ist aufgrund der Wirkweise affiner Kräfte sowohl in es tragenden als auch es belastenden Energie-Feldern gebunden; beide Beweg-Kräfte sind im Hinblick auf ihr Ereignis-Feld zu veranschaulichen. In der Absicht, das Tragende zu verstärken und das Belastende zu mindern, ergeht die Aufforderung zur Einholung der Wegmarken commun-personal. Soll Umkehr möglich werden, ist sie nicht zu lösen von einem zu setzenden personalen Akt. Weil jedoch nicht nur das, was eingeholt werden will, sondern auch das, wovon Abkehr geschehen soll, über das Je-eigene hinaus wirkend ist, muss das commune Moment darin gegenwärtig werden, und zwar im Hinblick auf das Belastende, das sich löst im Miteinander getragen, damit das Tragende – sein affines Moment – als Integrations-Funktion personal-commun kommuniziert und so wirksam werden kann. Für seinen Vollzug ist *das ganze Mensch-sein* einzubringen, dessen Aufrichtigkeit der inneren Haltung verleiblicht sich manifestiert, während die äußere Haltung sammelt, bereitet und die innere Haltung stützt.

Im *Sũtra* des *Hui Neng* finden sich fünf Kategorien (I-V), die das Dasein tangierenden kategorialen Ausprägungen von Merkmalen – genannt Weg-marken –, zu denen die Versammelten aufgefordert werden, sie in commun-personalen Akten einholend zu vollziehen. Ihre Charakteristik, die *das ganze Mensch-sein* tangiert, kennzeichnet und auslegen will, soll im Folgenden dargelegt werden. Alle kategorial geprägten Merkmale von Weg-marken sind bezogen auf die Kern-F ausgelegt; in ihr soll sich der Widerspruch der Differenz spiegeln, entscheidend ist jedoch das zu sich selbst Erwachen der Identität, um alle Fesseln von falschen Vorstellungen zu durchtrennen. Öffnet sich im initiatorischen Akt der Blick für die Komplexität, in der der Weg zu gehen ist, dann stellt sich im Erwachen der authentische Seins-Stand ein, in dem alle Ausprägungen von Merkmalen aufgehoben sind.

Die erste Kategorie (I) umfasst fünf Ausprägungen von Merkmalen der Kern-F, in die *Hui Neng* die Versammelten – sie in ihrem Erkennen initiierend – einführt; dasOffenbar-werden der Kern-F ist bezogen auf alle Kategorien das Ziel der je zu initiierenden Akt-Felder. Werden Akt-Felder der Kern-F durch die Initiation frei, entströmt ihnen ein Wohlgeruch, der äußerlich mittels Räucherwerk (Incense) versinnbildlicht werden soll.

I–1: Das Charakteristische der ersten Ausprägung ist DIE WEISUNG: die Identität der Kern-F ist frei von jeder Befleckung wie Böswilligkeit, Eifersucht, Gier, Zorn, Ansinnen zur Untat.

I–2: Das Charakteristische der zweiten Ausprägung ist DIE SAMMLUNG: die Differenz der Kern-F bleibt still, sie lässt sich weder durch zuneigende noch durch abneigende Umstände beunruhigen.

I–3: Das Charakteristische der dritten Ausprägung ist DAS ERWACHTE: die Differenz der Kern-F ist – weil ohne Hindernis – die Manifestation der Identität. Die Differenz schaut stets in Weisheit die Identität; böse Taten unterlassen und Gutes wirken, ohne daran zu haften, das Höhere respektieren und das Niedere annehmen, den Waisen Erbarmen erweisen und den Armen das Almosen reichen.

I–4: Das Charakteristische der vierten Ausprägung ist DAS FREIE: die Differenz der Kern-F haftet an nichts, weder gut noch böse, sie ist frei und ungestört.

I–5: Das Charakteristische der fünften Ausprägung ist DIE VERWIRKLICHUNG DES FREI-SEINS: auch wenn das Erkennen der Differenz nicht mehr an gut noch böse anhaftet, soll Sorge getragen werden, weder in die Leerheit noch in die bloße Stille sich zu versenken, sondern die Einsicht in das durch und durch Erkennen der Kern-F zu vertiefen; diese Einsicht führt zum unveränderlichen Geist-verwandt-sein, das von der Vorstellung des Seins eines Selbst befreit.

Die zweite Kategorie (II) umfasst drei Ausprägungen von Merkmalen der Kern-F. Die Aufhebung des gestörten Verhältnisses der Differenz zur Identität ist hier in Bezug auf die diese Störung verursachenden Akt-Felder thematisiert. Sie werden in dem Maße, wie sie aus dem In-Beziehung-setzen zur Identität einsichtig und bußfertig angenommen werden, ihrer Auflösung zugeführt: konfrontiert mit dem Unfassbaren unterliegt diesem das Etwas des Formhaften; das Unermessliche – frei von aller Anhaftung – durchdringt allen Widerspruch zum Leben-Selbst.

Der Weg zum Erwachen ist *Shugyō,*[4] dessen Ermöglichung – sowohl seine Voraussetzung als auch seine Verwirklichung

– auf I-1 bis 5 beruht. Indem der auf den Weg sich Begebende von diesen Ausprägungen der Merkmale – sie nicht aus den Augen verlierend – getragen ist, ist er bereit, Akte des Sühnens auf sich zu nehmen. In II-1 bis 3 werden dieVersammelten aufgefordert, solcher Akte in die Tat zu setzen. Hat die erwachende Selbst-Einsicht in die Willkür-Akte der Lebenspraxis ihren Ort in der Kern-F, stellt sich in dreifacher Hinsicht Schamempfinden – vor dem Leben-Selbst, vor aller Kreatur und vor sich selbst – gepaart mit Zerknirscht-sein ein; hierbei geht es um das Frei-werden von sich selbst und so von anderen. Die Selbst-Einsicht umfasst Missetaten der Akte des Intendierens wie Gier, Zorn, Unwissen; die der Akte der Worte wie Lügen, obszönes Reden, verleumderisches Reden, doppelzüngiges Reden; die der Akte der Tat wie Töten, Stehlen, Unzucht-treiben.

Um den Akt-Feldern – nämlich im Gegenwärtigen, gebunden im Vergangenen, daraus fixiert auf das Zukünftige – nicht verhaftet zu bleiben, setzt *Hui Neng* die authentische Gegenwart, in der sich das auf die drei Zeiten bezogene Ungelöste lösen lässt, voraus. Gültiges Handeln hat seine Basis im zur Ruhe gekommenen Bewusstsein, das sich jetzt nicht mehr als ein Hindernis für das Erkennen und Tun aus dem Identischen erweist. Nur in der authentischen Gegenwart, in der die drei Zeiten – in ihrer Gleichzeitigkeit – im Zeitlosen aufgehoben sind, ist das Reue-Gelöbnis gültig zu vollziehen:

II–1: dass unser Herz durch Akte des Intendierens, veranlasst aus Unwissen und Sinnestäuschung, sich nicht mehr befleckt, bereuen wir all dieses Intendieren, Reden und Tun. Sie mögen für immer gesühnt sein und sich nie mehr ereignen.

II–2: dass unser Herz durch Akte des Redens, veranlasst aus Anmaßung und Unaufrichtigkeit, sich nicht mehr befleckt, bereuen wir all dieses Intendieren, Reden und Tun. Sie mögen für immer gesühnt sein und sich nie mehr ereignen.

II–3: dass unser Herz durch Akte der Taten, veranlasst aus Eifersucht und Neid, sich nicht mehr befleckt, bereuen wir all dieses Intendieren, Reden und Tun. Sie mögen für immer gesühnt sein und sich nie mehr ereignen. Diese Art des Gegenwärtig-seins lässt den Versammelten ihre commun-personal vollzogenen Gelöbnisse, zu denen *Hui Neng* sie einlädt, Früchte tragen.

Gewöhnlich – mit wenig Ausnahmen – pendeltdas Bewusstsein aufgrund seines Konditioniert-seins auf der Zeitachse zwischen Vergangenem, Gegenwärtigem und Zukünftigem; dieses Zerstreut-sein kennzeichnet das Akt-Feld der Missetaten. Das Vergangene ist schon vorbei, das Zukünftige ist noch nicht da und in der Gegenwart konzentrieren wir uns auf das gerade intendierte Objekt. In den drei Zeiten herumzuirren heißt, nicht in der authentischen Gegenwart zu sein. In ihr – frei von allen figurierenden Objekten – müssen die drei Zeiten eins werden. Ist es nicht der Fall, bleibt das Zerknirschtsein – veranlasst aus der Einsicht in das eigene Fehlverhalten – nur auf Vergangenes bezogen gerichtet, so dass es sich wiederholt, ohne etwas zu lösen. Die erwachende Selbst-Einsicht vermag jedoch mögliche zukünftige Missetaten voraus zu schauen und zu bereuen. Deshalb muss das Frei-werden von Vergangenem das Zukünftige mit einschließen, dies, indem die Pendel-Bewegung in der authentischen Gegenwart zur Ruhe gebracht wird. In diesem Gegenwärtig-sein können weder Dispositionen aus Vergangenem aktiv werden noch mögliche zukünftige Dispositionen entstehen, weil in ihm die Differenz der Kern-F von der Identität – frei von jeder Befleckung – durchdrungen ist.

Alles Vergehen trifft immer das Ganze des Lebens. In der Erfahrung der aufgehobenen Zeit – Gegenwart, Vergangenheit, Zukunft – erfährt sich der Mensch mit dem Ganzen, was sein Leben trägt und erhält, eins, aber auch mit seinem Widerspruch hierzu, der jetzt im Spiegel der Wahrheit geschaut seiner Auflösung zugeführt werden kann. Denn in der authentischen Gegenwart ist das in uns gelegte ursprüngliche Vermögen wach. Aus ihr ist es dem Menschen nicht möglich, gegen das Leben zu handeln: dieses Manifest-werden der authentischen Individualität in uns – Identität – ist eine versöhnende vom Leben-Selbst umfasste Kraft, durch die der Widerspruch zu ihm aufgehoben werden kann.

Die dritte Kategorie (III) umfasst vier Ausprägungen von Merkmalen der Kern-F. Das All-umfassende-Gelöbnis, zu dessen Ablegung *Hui Neng* die Versammelten im Anschluss des Vollzugs an das Reue-Gelöbnis einlädt, lautet;

III–1: Mein von Schlechtigkeit und Wahn befallenes Herz (→ Differenz) kennt keine Grenzen; dies zu retten, stehe ich in der Pflicht.

III–2: Das All-ichhafte in meinem Herzen (→ Differenz) kennt keine Grenzen;dies abzuschneiden, stehe ich in der Pflicht.

III–3: Die wahre Lehre der Identität ist unerschöpflich; sie in die Tat zu setzen, stehe ich in der Pflicht.

III–4: Die Identität ist ohnegleichen. Ihr Manifest-werden ist der Weg zum Erwachen; ihn zu verwirklichen, stehe ich in der Pflicht.

Euer von Schlechtigkeit und Wahn befallenes Herz zu retten, meint nicht, dass ich – *Hui Neng* – dies bewirke. Denn das All-umfassende-Gelöbnis bezieht sich auf die unendliche Anzahl von – aus der Differenz aufsteigend – der Identität sich Widersetzenden wie: trügerischen, hinterlistigen, bösen und derartigen Begierden. Das Agieren all dieser Kräfte ist aus ihrem Nicht-übereinstimmen mit der Identität zu entbinden; dies, indem sie – gestimmt aus ihr – in sie integriert werden.

Nun, was bedeutet es, sich selbst – die befleckte Differenz – durch die Identität zu retten? Das ist durch die ungestörte Sicht das Frei-werden von Ignoranz, von Trugbildern und von gift-hegendem Erwägen in der Differenz. Diese Sicht lässt die Weisheit der Identität zu, erst sie zertrümmert all die errichteten Barrieren. Mit anderen Worten: regt sich Trugschluss, vertreibt ihn Aufrichtigkeit, Täuschendes wird vertrieben durch Wahres, nistet Ignoranz, wird sie durch Kenntnis und Einsicht ersetzt und Gutes-wirken lässt die böse Tat nicht ein.

Die Rettung der Differenz ist das Frei-werden von sich selbst durch das Wirken der Identität.

Sich zu verpflichten, das All-ichhafte im Herzen abzuschneiden, heißt, die unzuverlässigen, in Sinnestäuschung gebundenen Vermögen des Erkennens durch die Weisheit der Identität zu berichtigen.

Sich zu verpflichten, die wahre unerschöpfliche Lehre der Identität zu lernen, heißt, es gibt kein authentischeres Lernen, als die Identität unmittelbar erfahren und das Erfahrene in die Tat zu setzen.

Sich zu verpflichten, das Manifest-werden der Identität auf dem Weg zum Erwachen zu verwirklichen, heißt, in der objektlosen – authentischen – Gegenwart, frei zu sein von jeglichem Vergleich wie: erwacht oder unerwacht, wahr oder falsch. In dieser Gegenwart wird die Weisheit, die zum wahren Erwachen führt, geboren. Stete *Übung und Verzicht* ist hierfür unbedingt erforderlich.

Die vierte Kategorie (IV) umfasst drei Ausprägungen von Merkmalen der Kern-F. Das Sich-bekennen zum Drei-gestaltlosen-Juwel, zu dem *Hui Neng* nach Ablegung des All-umfassenden-Gelöbnisses die Versammelten einlädt, lautet:

IV–1: Dem Edlen – dem Erwachten, das Weisheit und Erfülltsein in sich birgt – gebe ich mich hin.

IV–2: Dem Edlen – dem Wahren, frei von jeglicher Gier – gebe ich mich hin.

IV–3: Dem Edlen – der Reinheit, frei vom All-ichhaften im Versammelt-sein – gebe ich mich hin.

Das Erwachte gibt von nun an Geleit; deshalb kehrt sich das Herz nicht mehr zum Unwissen. Dies bezeugt sich im steten Ausrichten auf den Drei-gestaltlosen-Juwel der Identität.

Die Vermögen des Erkennens (→ Differenz) nehmen Zuflucht zum Erwachten; nicht mehr keimen trügerische Vorstellungen, Illusionen sind durchschaut und das Herz schlägt keine

Wellen mehr. Dies ist das zu erreichende Ziel, ja die Frucht des Erwachens.

Die Vermögen des Erkennens (→ Differenz) nehmen Zuflucht zum Wahren; nicht mehr beeinträchtigt falsche Sicht, ohne sie können Begierden nicht wirksam sein.

Die Vermögen des Erkennens (→ Differenz) nehmen Zuflucht zum Reinen; nicht mehr verunreinigen Sinnes-Objekte das Herz, jegliche Art der Unterdrückung verliert ihren Geschmack. Das Begegnen lässt das Gemeinsame sich ungehindert entfalten.

Sich dem Drei-gestaltlosen-Juwel hinzugeben heißt, Zuflucht zu nehmen zur Identität. Sie, die die Vermögen des Erkennens entbindet und integriert, führt diese zur Übereinstimmung mit ihr und lässt in Achtsamkeit mit dem anderen diesen Weg Praxis werden.

Mit der fünften Kategorie (V) will *Hui Neng* den Versammelten – nach dem Sich-bekennen zum Drei-gestaltlosen-Juwel – drei in der Identität waltende Weisen des Lebens-an-sich bewusst machen, indem er sie einlädt, ihm zu folgen:

V–1: Das Mensch-sein – von den Sinnen bis zur von der Identität durchdrungenen Differenz – kehrt sich in Ehrfurcht zum Reinen des Lebens-an-sich.

V–2: Das Mensch-sein – von den Sinnen bis zur von der Identität durchdrungenen Differenz – kehrt sich im Vertrauen zur vollkommenen Weisheit des Lebens-an-sich.

V–3: Das Mensch-sein – von den Sinnen bis zur von der Identität durchdrungenen Differenz – kehrt sich horchend zu den in der Identität manifest werdenden zahllosen Akten des Lebens-an-sich.

Die drei waltenden Weisen in der Identität sind, da sie ihr Wirken nur in der authentischen Gegenwart haben, eins, dies, obwohl sie mit der Zeitachse – Vergangenheit, Gegenwart, Zukunft – korrespondieren. Eben hier ist die Ursache für das in der authentischen Gegenwart manifest werdende dynamisch-kreative Moment, das Kriterium ihrer Authentizität, zu sehen. In dieser Gegenwart lässt sich das Sich-ereignen der drei wirkenden Weisen erfahren; jedoch, ohne Erwachen kann der Mensch nicht umhin, diese drei waltenden Kräfte in der Identität zu ignorieren.

Zu 1: das wesentlich Reine ist eine der drei Wirkungen in der Identität, das niemals von gut und böse – dualistisch – beeinflusst werden kann.

Zu 2: das wesentlich Vollkommene ist eine weitere Wirkung in der Identität, das niemals von gut und böse – dualistisch – befleckt werden kann; es lässt den Übenden die Identität nicht aus den Augen verlieren.

Zu 3: das wesentlich Kreative ist außerdem eine Wirkung in der Identität, das sich völlig am Reinen orientiert und alles, wie es ist, in vollkommener Weisheit schaut.

Das Reine ist stets Frei-sich-ereignende-Dynamik, frei von jeglicher Art der Erscheinung und der damit korrespondierenden Tätigkeit des Bewusstseins. Soll sich das Reine als Reines *zeigen*, muss es als das Authentisch-erfahrbare wahrgenommen werden. In diesem Augenblick werden die in Erscheinungen gebundenen Akte des Bewusstseins befreit; dieses Erfahren lässt auch einsichtig werden in all das, was die stets sich ereignende Dynamik des Reinen nicht zulässt.

Unnachlässig ist das rechte Ausgerichtet-sein für das Gelingen des *Shugyō*. Der Übende wird in seinem Bemühen bis an die Grenze seiner Möglichkeit geführt, wobei das Gelingen-lassen in der Übung gegenwärtig sein muss: das Unverfügbare des Lebens nicht verfügen zu wollen aus der Einsicht, dass es als solches überhaupt nicht verfügbar ist. *Die drei Zeiten vereinigende Gegenwart*, durch die vollzogene Übung verwirklicht, lässt die Weisheit zum Durchbruch kommen, die die Vermögen des Menschen – um des Lebens willen – durchdringt.

Das eigentliche Ereignis-Feld des *Shugyō* ist die befreite Gegenwart unter Integration des Vergangenen und Zukünftigen: das Sich-ereignende des Lebens-an-sich will eben in dieser Gegenwart seine in der Identität waltenden Weisen dem sich Auf-dem-Weg-befindenden erfahrbar machen.

Indem der Übende auf das in der Identität wirkende Leben-an-sich ganz vertraut und mit seinem Mensch-sein zu ihm kehrt, durchdringt es schließlich ihn: es wird ihm offenbar. Je tiefer er sich ihm hingibt, desto geeinter erfährt er sich mit dem ganzen Universum. Da kann das All-ichhafte keinerlei Macht gewinnen. Eben dieses Erwachen nennt *Hui Neng* die wahre Reue.

Wer das in der Identität manifest werdende Leben-an-sich noch nicht erfahren hat, noch nicht erwacht ist, strebe nach dieser Gabe demütig mit ganzem Herzen und mit seiner ganzen Kraft, ja mit all seinen Vermögen.[5]

Die erläuterten Weg-marken der Kategorien I-V haben nicht den Anspruch einer Übersetzung. Es geht um ihre Sinndeutung aus persönlicher Erfahrung, wie *Hui Neng* sie – bezogen auf seine eigene Erfahrung – auslegt. Um Zugang zum Kern seiner Darlegungen zu finden, sind alle repräsentierenden Benennungen wie *Buddha, Dharma* oder Sanskrit-Bezeichnungen wie *Trikāya, Triratna* etc. weggelassen. Hier ist versucht, zu zeigen, dass sich die fünf sogenannten Kategorien mittels der Termini Kern-F: Identität und Differenz – ihre initiatorische Intention – eindeutig offen legen lassen. Hierbei darf nicht übersehen werden, dass beide Grund-Kräfte des Menschen je auf ihrunabdingbares Durchdrungen-sein verwiesen sind: die Identitätdurchdrungen vom Geist des Lebens-an-sich, die Differenz durchdrungen von der Identität; das Sich-bewusstwerden der Identität und der Differenz – der mit den fünf Kategorien intendierte Anspruch – ist nicht zu trennen von dieser Erfahrung ihres Durchdrungen-werdens.

Wahre Umkehr hat sowohl ihren Anfang als auch ihr Ziel in der authentischen Gegenwart. Nur in ihr ist das zur Ruhe gekommene Bewusstsein nicht mehr ein Hindernis für das Manifest-werden der Identität, weshalb die Erkenntnis- und Handlungs-Akte befreit sind von Interessen. Die All-Gegenwart des Lebens – erfahren als das Angenommen-sein – ist aufgrund der manifest-werdenden Kern-F gegeben; *Shugyō* ist hierfür der Weg. Aus dem sich bewusst-werden des Angenommen-seins keimt wahre Dankbarkeit; tiefgründige Reue und Demut werden gestimmt aus dem Lebens-Impuls geboren, was das Mensch-sein durchdringt, das Verfehlte am Leben-an-sich zu sühnen.

Das Mit-zu-leidende

Ein Leitmotiv des *Saddharma-pundarika-sūtras* ist das Unerwachte, dessen Wirklichkeit ihm – gespiegelt im Erbarmen des Vaters – aufgeht. Der Weg hierzu ist *Kimyō,*[a] eingeholt im Erfahren des erwachten Grundes. Krankes soll gesunden, Verengtes befreit und das, was mangelt, erfüllt werden. Der das Leben vergiftende Unruhe-Herd, soll er entgiftet werden, muss in seinen Ursachen transparent und in der Bereitschaft des Durchleidens aufgelöst werden. Die geschädigte Lebens-Wurzel ist auf ihr Heil-werden verwiesen, denn ohne das Wieder-gesunden kann die Botschaft des Lebens – dessen Wahrheit – nicht recht empfangen werden. Hierfür muss der das Wahre zersetzende Zweifel sich wandeln in Klarsicht, um das dem Leben Abträgliche zu durchschauen; erst dann kann sich die eindeutige Entscheidung für den Weg einstellen. In seiner Konsequenz haftet der Mensch nicht mehr an den Erscheinungen, er ist ehrfürchtig disponiert zum Wahren hin; dabei muss er das dem Leben entgegentretende Sich-ereignen in Geduld und Demut durchtragen.

Im dritten Kapitel des *Sūtras* ist gleichnishaft die Welt in ihrem So-sein mit den sich in ihr Verirrten und das Wie des Herausfindens geschildert. Mittels der hier geschilderten Welt, als brennendes Haus veranschaulicht, soll der Ich-Kosmos, in dem die Unerwachten nicht nur hausen, sondern vielmehr blindlings sich damit identifizieren, aufgedeckt werden. Die skizzierte psychische Verfasstheit des Menschen in seinem unerwachten Stand bezieht sich von den Sinnen bis einschließlich der Differenz der Kern-F. Zwei Aspekte sind hier zunächst von Interesse: das Anlastend-Vergangene, eingespeichert in der Differenz, wird bildhaft im von Fäulnis befallenen Zustand des Hauses aufgezeigt,[b] außerdem wird all das Ekelerregende, das – von innen und außen vergiftend – Zerstörerische, gesteuert aus der Lebens-Gier, vor Augen gestellt; diese den Menschen überwältigenden Kräfte nisten in der Differenz und haben von dort bis zu den Sinnen ihr Wirk-Feld.[c]

Das ausbrechende, alles zu verzehren trachtende Feuer ist ein Sinnbild für die im Herzen entfachten Leidenschaften: Mißbrauch, Vergeudung und Veruntreuung der Lebens-Kraft. Das Anvertraute kann – weil verkannt – zu einem Etwas werden, als wäre es wie ein Objekt verfügbar: Irrtum aller Irrtümer. Dadurch wird der Mensch sich selbst zum Objekt. Obwohl daraus Leiden erfahren wird, kann und will der Mensch sich von dieser Fehl-Sicht nicht trennen. Eine *Lebens-Perspektive aus der Identität* ist ihm aufgrund seines verdunkelten Bewusstseins nicht zugänglich. Der Anstoß zur Umkehr muss seinem Grund entspringen, erst dadurch kann sich ihm der Weg auftun. Die grundsätzliche Frage, die sich hier stellt, ist, wie der sich selbst zum Objekt Gewordene davon befreit werden soll? Da es sich hierbei um ein Erkrankt-sein der Lebens-Ader handelt, geht es um das Kurieren der Krankheit aller Krankheiten, für die das angemessene, wirksame Mittel zu finden ist; die Möglichkeit des Heil-werdens aus sich selbst entzieht sich aufgrund des durch diesen Zustand betroffenen Erkennens. Aber auch aus seinem innerweltlichen Vernetzt-sein vermag ein solcherart befallenes Dasein ohne die entscheidende Hilfe nicht zu entkommen, denn die ansteckende – von uns aus unheilbare – Seuche kann sich vielfach unter dem scheinbar miteinander leben-tragenden Kollektiv verbergen.

Das Bild von den in ihr blindes Spiel sich verlierenden Söhnen im brennenden Haus und dem sich Sorge machenden Vater will auf einen diffizilen Umstand aufmerksam machen, der in der täglichen Lebens-Praxis nicht übersehen werden darf: wie lässt sich das Erwecken des Lebens-Grundes, das Gelingen seiner Vermittlung, im Menschen bewirken? Dass jeder von uns in diesem Verwiesen-sein steht, nämlich der innerste Kern seines Daseins wachgerufen werden muss, ist eine unleugbare Tatsache. Das initiatorische Moment erweckt als der sich aktualisierende Wille der Lebens-Kraft diesen Grund. Alles aus der Kraft des Lebens Verursachte kann demzufolge ein Wirken auf das Geschehen des Erweckens haben. Dessen Gelingen konfrontiert uns mit dem Umstand: soll das Erweckende empfangen werden, sind hierfür nicht nur das Disponiert-sein, sondern auch die je individuell gegebenen Sensorien vorausgesetzt.

Grundsätzlich ist festzustellen: jede dem instrumentellen Verfügen unterworfene Absicht, die ein Erwecken initiiert, muss aufgedeckt werden, denn solcherart Intendieren bleibt in seinem Ergebnis innerhalb des Mentalen, des Imaginativen oder des Emotionalen gebunden und führt nicht zum wahren Erwachen. Es geht darum, frei zu werden von allem Verirrt-sein. Aus dem Verkennen des Lebens zu handeln überschreitet nicht die instrumentellen Vermögen, deren Aktions-Radius von den Sinnen bis einschließlich der Differenz der Kern-F reicht. Das Zu-erweckende ist die jeglichem instrumentellen Verfügen enthobene Identität der Kern-F. Aus ihr, der authentischen Korrespondenz mit dem Leben-an-sich, wird das Verirrt-sein nicht nur durchschaubar, sondern vielmehr ist dies das Freilegen des Sensoriums, um das Eigentliche zu erkennen, zu empfangen und Gestalt werden zu lassen. In seiner Konsequenz ist damit auch das Akt-Feld des Initiierens offen gelegt: die Raum und Zeit enthobene Dimension des Daseins.

Zum Zu-erweckenden im Menschen, dem unmittelbaren Sich-ausrichten am Leben-Selbst, ist sein an der Erscheinungs-Welt orientiertes Handeln in ein seltsames Missverhältnis geraten, dies: obwohl die Lebens-Funktion gegeben ist, kann das Leben nicht recht empfangen werden aufgrund des ermangelnden Disponiert-seins. Die Initiations-Kraft[d] ist verwiesen auf das Disponiert-sein[e] des Initiierenden als auch auf das des Zu-initiierenden, dennoch ist ein Moment der *Freiheit* im Akt des Initiierens, im Zu-erweckenden selbst und in seinem *über sich hinaus Verwiesen-sein* gegenwärtig; diese Gegebenheit hat für jede Intention des Initiierens ihre Gültigkeit, die ebenfalls Gleichnissen eigen sein sollte. Wird durch das Phänomenale ein Geschehnis wirksam, indem es einen Menschen trifft und sein Leben erweckt, vermittelt dieses sich unverhüllt: Erwecken geschieht. So gesehen hat die Welt der Erscheinungen Brücken-Funktion, um dem Wachwerden den Weg zu bahnen. Ob dies geschieht oder nicht, hängt mit jenem Disponiert-sein eines Menschen zusammen, denn undisponiert erweist sich die phänomenale Welt in dieser Hinsicht ständig als ein Hindernis.

Die Lebens-Kraft vermag ihr In-Erscheinung-treten im Akt des Initiierens zu durchdringen. Weil die Lebens-Kraft und ihre Erscheinung letztlich derselben Wurzel entstammen, können sie als Einheit wahrgenommen werden. Dieses Erfahren lässt die Lebens-Lüge schauen, was einer dualistischen Sicht ausgeschlossen ist. Ist sie Aufgedeckt, dann bricht ihr manipulatives Einflussnehmen ein. Als eine Folge kann sich nun der davon Betroffene der Realität seiner Existenz neu aussetzen. Es wird ihm letztlich bewusst, woraus und woraufhin er lebt. Hier ist auch zu sehen, dass das Erweckt-werden ein dreifach verwiesenes Geschehnis bedingt: das Geschehen *in sich, zu sich* und *aus sich*. Die Abfolge des Geschehens ist offen, denn das Leben-Selbst ist in seinem Wirken nicht gebunden, als Quelle der Initiation sind ihm alle Mittel und Wege eigen; demzufolge vollzieht sich das Erwecken in einem trialen Akt-Feld. Kommuniziert der Erweckte in diesem Feld mit allen Geschöpfen, dann ist die dualistische Trennung überwunden.

Nach dem mehr Grundsätzlichen des im *Sũtra* – dritten und vierten Kapitel – Vermittelten sollen nun einige thematisch zentrale Inhalte in den Blick kommen, die durch die wiederholende Art der Darstellung leicht übersehen werden.

Wie tief der Schlaf des in Unwissen Verirrten, sein das Leben nicht verantwortetes Verhalten, ist, wird hier mit dem abgrundtief alles Leben umfassenden Mit-leiden konfrontiert. Wie die Differenz trotz ihres Widerstandes die Identität im Grunde nicht dominieren kann, so ist es auch mit dem Freveln gegenüber dem Mitleid-haben. Dies, die Unterordnung der Differenz zur Identität der Kern-F – das in uns gegebene Lebens-Gesetz –, wahrzunehmen kann durch das Vergehen am Leben, das im Mitleid-haben aufgehoben sein will, zur Erfahrung werden. Denn unablässig ist die Identität um die Integration der Differenz bemüht, obwohl diese aus ihrem Überheblich-sein permanent gegen das mit der Identität Gegebene anstachelt. Hier haben wir eine Brücke zum Verhältnis des Mit-Leidenden, des Vaters, der alles tut, um das zur Habsucht neigende und daher gegen das Leben gerichtete Herz seiner Kinder zu wenden! Durch die Zwiesprache der Identität mit dem Mit-leidenden wird sie angespornt, auf die Differenz einzuwirken, damit in ihr die Bereitschaft wachse, ihr Angewiesen-sein willig anzunehmen und nur daraus zu handeln. Das ist der Schlüssel für die uns das Leben erschließende Quelle, aus der wir den Sinn des *Da-seins* schöpfen, um davon erfasst und durchdrungen zu werden. Diese Erfahrung ist mit dem diskursiven Verstehen allein nicht einholbar.

Warum ist unser Leben so erstarrt, unfähig, der Ursache des uns Nicht-leben-lassenden auf die Spur zu kommen, ja unvermögend, uns dessen bewusst zu werden? Sein Missgestimmt-sein aus dem Widerpart der Genealogie verursacht den in den Dispositionen gegebenen Widerhalt, wodurch das Mit-einander in ein Wider-einander umschlägt, das in seiner Folge zum Widersinn der Zerstreuungen führt, die in ihrer Verkehrung dem Widerwillen seine dem Leben frevelnden Akte setzen lassen. Durch dieses *Widerfahren* ist das Leben in seiner Dynamik beeinträchtigt, ja sogar, da es bis in seine Wurzel davon getroffen ist, kann das, was Leiden erzeugt, vergnüglich erfahren werden. Widersetzlich dem Leben sind die drei Gifte – Gier, Haß und Zorn, Anmaßung und Neid –, sie sind eben Ausdruck dafür, dass wir in unserem Leben keinen Frieden finden.

Um das Gesetz des Lebens, wird es der jeweiligen Situation angemessen vermittelt, zu empfangen, ist derjenige, der es empfängt, auf das in ihm Widergespiegelte, das sich diesem widersetzt, verwiesen. In dem Maße, wie das Herz von seinem Widerspruch gereinigt und aus dem Grundimpuls des Lebens geeint ist, verlangt es nach dem Siegel der Kindschaft, der Erfahrung seines – vom Mit-leidenden – Angenommenseins. Wird dieses Mitleid-haben in unserem innersten Grund erfahren, schlägt das initiatorisch Erfahrene darin Wurzel und kann handelnd für andere manifest werden.

Alles, das sich dem Leben widersetzt, bildet in uns den Humus für Furcht und Ängste. Es ist die Furcht vor dem Verlust eines *Etwas*, das nicht freigegeben werden will; aufgrund eines je spezifischen Unversöhnt-seins figuriert *das Etwas* als Ersatz für erfahrenen Mangel. Obwohl aus dem Haften Leiden entsteht, können infolge des in Mitleidenschaft gezogenen Bewusstseins die Intendierten Objekte, das schein befriedende Ausgleichen des Mangels, nicht entäußert werden. Die irrtümliche Furcht verstellt die Notwendigkeit, davon frei zu werden, indem sie sich massiv dem Siegel des Lebens widersetzt. Diese Thematik ist im dritten Kapitel eine der Kern-Aussagen, um das Mit-leiden des Vaters ins Blickfeld zu rücken. Aus Blindheit verfallen die Kinder dem brennenden Haus – der verführerischen Welt – und sind sich dessen nicht im Geringsten bewusst, in welcher Gefahr sie sich befinden. Der Vater jedoch, der das herannahende unheilvolle Geschehen sieht, versucht ihnen mit äußerster Klarheit zu vermitteln, welch abträglich-gefährlichem Spiel sie verfallen sind. Denn gewahr werden sollen sie, was auf sie wartet, nicht nur Not und Leiden, sondern der Verlust des Lebens. Das Einsehen, sich auf den Weg – *Shugyō-Weg* – zu machen, ließe sie unverzüglich heraus kommen, aber ihr Erkennen selbst ist Finsternis: unfähig aufzubrechen.

Jedoch, das Not-wendende, das ihnen mangelt und womit sie erfüllt werden sollen, weiß nur der Vater; wahrlich, sie selbst ahnen es nicht. Soll das Siegel des Lebens – in ihnen zutage tretend – Gestalt gewinnen, müssen sie ihren in Missverständnis gefesselten Geistes-Zustand unter Beteiligung aller vereint wirkenden Vermögen überwinden, um aufrichtig der Wahrheit Siegel, das zu erwecken dem Vater eigen ist, zu bejahen. Erst das hierdurch erwachte intuitive Erfassen ihrer prekären Lage, gegeben in der Identität – unserer Lebens-Funktion schlechthin –, lässt sie aus der Furcht vor deren Verlust aufbrechen, um tatsächlich heraus zu kommen.[f] Diese Furcht, die zum Anlass wird, den Weg einzuschlagen, muss letzten Endes in Ehrfurcht münden, denn sie allein lässt uns in der eigentlichen Spur des Weges bleiben. Die subversive Furcht – Furcht vor den Menschen oder die vor dem Verlust des Zeitlichen – ist indessen wahrlich zu fürchten, denn sie blockiert das hier und jetzt angemessene Tun und stiftet dadurch in uns ein Zerwürfnis mit dem Leben-Selbst. Erkennen wir ihre Ursache nicht, schlägt sie unbemerkt Wurzel, führt zur Zerstreuung des Lebens und letztlich in die Machenschaft. Wo ist die Wurzel dieser Furcht? Sie fasst dort, wo wir das Eigene suchen, anstatt das Leben-Selbst in uns Gestalt werden zu lassen. Aus Ehrfurcht das Leben zu bejahen und es verantwortungsbewusst mit zu tragen, lässt uns den *Shugyō-Weg – Übung und Verzicht* – gehen, um jener Gefahr zu entkommen; ohne Ehrfurcht ist wahres Erwachen nicht zu erlangen. Außerdem, Gefahr meint hier primär den Fall der endgültigen Trennung der Differenz von der Identität.[1]

Die Furcht, in der Identität gestiftet, ist dem Leben gehorchend: sie hält wach für das dem Leben angemessene und mit ihm geeinte Wirken. Wie kann diese Furcht in uns erweckt werden? Auf dem Weg des Ausreifens der authentischen Identität, auf dem durch *Übung und Verzicht* jene irrtümliche Furcht erkannt wird, wird die ursprüngliche Furcht wach und leitet uns in unserem Tun und Lassen. Das ist des Erwachten Furcht: Ehrfurcht vor dem Leben. Sie meidet nach Kräften alles, was das Leben schädigt und ihm widerspricht, denn Unredlichkeit, die jene Furcht verursachte und zuvor uns besetzt hielt, wird zuwider. Wenn die das Leben tragenden Kräfte von Begierde und Selbstsucht befreit werden, dann kann die aus dem Erwacht-sein tragende Furcht sich furchtlos vor dem *Unheil-Stiftenden* in den Dienst des Lebens stellen.

Shugyō – Übung und Verzicht – will die begrenzte eigene Weltvorstellung aufsprengen, um die in Widerstreit verworrenen Vermögen freizulegen. Dieser Weg, auf dem das sich Verirrte, ja dessen Missbrauch der Kräfte, aufgedeckt und der Einsicht zugänglich werden soll, ist nicht ohne Hindernis zu gehen. Dies auch deshalb, weil, ohne zu bekommen, der Mensch sich in diesen Weg nicht einzuüben vermag. Eben *dieses etwas zu bekommen* kann für ihn zur Barriere werden, die, anstatt dass sich die Kräfte ordnen, zu neuen Fixierungen führt. Außerdem ist das Angestrebte wegen der fehlenden Erfahrung eine Illusion: das hier Ersehnte und mit seinem Vorstellen Konforme ist nicht das, was gewährt werden will, damit die Vermögen sich neu ordnen und in authentischer Übereinstimmung wirken können. Die stumpfe Wurzel, aus der das objektbezogene Vorstellen geboren wird, hindert, das Gesetz des Lebens wahrzunehmen. Sie soll auf dem *Shugyō-Weg* gesunden! Um nicht weiterhin an den Erscheinungen zu haften, ist hierfür das Erdreich in der Differenz zu lockern und zu läutern: heißt dies dann nicht, dass die Differenz ihre Wiederbelebung aus der Identität ohne Hindernis empfängt?

Weshalb ist für die disparat-oberflächlich wirkenden Vermögen die Entstörung unumgänglich? Weil nur das aus seiner Verengung befreite und im Atem geeinte Wahrnehmen die Komplexität des Lebens-Gesetzes – entsprechend der Vertiefungs-Stufen auf dem *Shugyō-Weg* vermittelt – abzuwägen vermag. Das hier Wachgerufene überschreitet das behaftete Vorstellen, dennoch ist dem Einblick in das *Gesetz des Lebens* eine gewisse Einsicht nicht verwehrt, denn das Einsehen selbst ist in diesem Empfangen zugegen und hat natürlicherweise daran teil. Auf dem Weg des Praktizierens ist die uns verschlossene Wechselwirkung von drei sich unterscheidenden Kraftfeldern zu klären: das Feld des Phänomenalen, das hoch komplexe mikro-/makrokosmische Feld von Energien und der

Beweggrund des Alls. Das Feld von *Shugyō* – die Kern-F: das Widerspiegeln der Differenz in der Identität führt zur Selbsterkenntnis – hat seinen Ort in diesem Mittelfeld von Energien, das als Bindeglied zwischen der Welt der Erscheinungen und ihrem Beweggrund fungiert. Seine Energien, abhängig von ihrem Beweggrund, der frei ist von Raum und Zeit, manifestieren sich in den Erscheinungen, die gebunden sind in Raum und Zeit. Hierbei geht es vor allem um die Aufklärung des zweiten Energie-Feldes, dessen zentrale Korrespondenz-Funktion durch ein klärendes Sichten seine Komplexität ahnen lässt; aber auch die Welt der Erscheinungen und deren Beweggrund werden uns hierdurch besser vertraut.

Aufgrund seiner Orientierung an der phänomenalen Welt ist das Potential der Differenz, aus dem sich das materie-gebundene Bewusstsein weitgehend bestimmt, nicht autark, sondern störanfällig. Außerdem ist sie – ihre die Gestalt wirkende Kraft – von ihrer Zuordnung zur Identität bestimmt. Soll das die Störung stiftende Wirken der Kräfte in der Differenz zur Ruhe kommen, muss sie sich auf dem Weg ihrer Integration in die Identität dem hier gegenwärtigen Fließen des Lebens – dem für sie notwendigen Korrektiv – aussetzen. Das Potential der Identität dagegen, in dem die Differenz ihr gelingen lassendes Bedingungs-Feld hat, ist weder störanfällig, noch ist das Moment ihrer Autarkie innerweltlich begrenzt und deshalb auch nicht beeinträchtigt, was jedoch ihr Verwiesen-sein auf den Beweggrund des Alls nicht annulliert.

Dem die Gestalt Bergenden des materiegebundenen Bewusstseins in der Differenz und der die phänomenale Erscheinung hervorbringenden Kraft in der Natur liegt ein Moment der Affinität zugrunde. Deshalb kann durch die in Raum und Zeit bedingte Erscheinung die die Gestalt leben lassende Kraft wahrgenommen werden. Soll dieses Moment, das dem raum-zeit-bedingten Wahrnehmen sich öffnet, entschlüsselt werden, bedarf es der Einsicht, dass die die Gestalt leben lassende Kraft nicht in ihm selbst gegeben, sondern das hier Wirkende vom Beweggrund seiner Erscheinung abhängig ist. Die

die Gestalt wirkend sich manifestierende Kraft basiert sozusagen auf dem Ereignis-Muster von Gelingen und Scheitern; dass diese Kraft nicht frei ist von Anfälligkeit, erschließt sich uns aus der Erfahrung des gestörten Erkenntnis-Vermögens. Mit diesem Anfälligen und Abhängigen sich zu konfrontieren ist das eigentliche Feld von *Übung und Verzicht*. Wird die bedingte Verkettung der Differenz mit dem Phänomenalen existentiell wahrgenommen, gibt sie den Blick frei für die notwendige Verknüpfung mit der raum-zeit-freien Dynamik der Identität; die Kern-F partizipiert an der Wirklichkeit je ihres Verwiesen-seins in sich und letztlich auf ihren Beweggrund. Das hier wirkend Ordnende, die Voraussetzung für den einzuschlagenden Weg, unterliegt nicht den genannten Begrenzungen, vielmehr, soll es sich dem Vernehmen öffnen, führt der Übungs-Weg eben durch jenes störanfällig und unfrei Gewordene hindurch zu dem, was – zuvor sich unserem Vorstellen entzog – in Wirklichkeit gegeben ist.

‚Alle sind meine Kinder', mit dieser Selbstaussage legt der Vater den Grund seines Handelns offen, weshalb er sie alle nicht nur retten, sondern ihnen das Beste, was er zu geben hat, zueignen will. Jedoch, ihre falsche Selbsteinschätzung erweist sich als ein fundamentales Hindernis für das zu Empfangende. Geblendet und festgelegt in ihrem Begehren begreifen sie das ihnen zugewandte Herz des Vaters nicht: unerreichbar scheinen sie für ihn. Je weiter sie fortfahren, sich von ihm abzuwenden, desto tiefer geraten sie in die Fänge der Objekte ihrer Begierde. Dies alles wissend, sucht er beharrlich in ihnen – in jedem von uns – das Anvertraute, das verborgene Etwas, um in es zu wirken, so dass sich ihr Herz zu ihm wende. Er hätte sie mit seiner allumfassenden Macht aus dem brennenden Haus retten können. Dessen ungeachtet handelt er nicht dementsprechend, wozu er imstande wäre, denn er weiß, ohne ihr willentliches Mit-tun kann seine Absicht missbraucht werden; seine Gabe kann sie zu einem unachtsamen, leichtsinnig-überheblichen Leben verführen.[2] Die Wende des Herzens ist solange nicht möglich, als der Mensch seiner Nichtigkeit nicht gewahr wird; oftmals kann diese Erfahrung erst in äußerster Not, im Leiden gemacht werden.[3]

Weshalb kann das gütige Wort des Vaters von den Kindern ignoriert werden? Solange sie ihr Spiel fortsetzen können, es ihnen nicht bewusst wird, welch gefährlicher Lage sie ausgesetzt sind, erreicht sein mahnendes Zurufen nicht ihr Herz, um es zu wenden und zu befreien. Was und wie die Kinder sind, kennt nur der Vater. Ihren innersten Grund sucht er zwar unerlässlich zu berühren, dies aber im Wissen, dass der dort grundgelegte Lebensimpuls nicht verletzt werden darf: geheilt vom Vater, können sie sich für das Leben entscheiden, dies, in wahrer Freiheit. Die Teilhabe der Identität am Leben-Selbst, die in ihr gegenwärtige Freiheit, wird, ja kann vom Leben-Selbst nicht diskriminiert werden, denn dies wäre der Widerspruch aller Widersprüche.[4] Im Handeln des Vaters will eben dieses Moment der Freiheit, seine Unverletzlichkeit, in den Blick kommen: ein Fingerzeig auf das, was das Leben in seinem innersten Kern offenbart.

Jedoch, das Tragische ist, dass durch die vom alles vermögenden Vater vermittelte Wahrheit die Wende der Herzen nicht nur nicht geschieht, sondern das, was die Wende blockiert, kann verstärkt wirksam werden. Das so empfangene Gut dringt nicht bis zur Identität, es wird von den Dispositionen der Differenz aufgesogen, wodurch der Widerspruch zum Lebens Grund sich potenziert und zur vor die Schweine geworfenen Perle wird.[5] Deshalb wird im *Sūtra* betont, dass die Lehre weder dem Hochmütigen noch dem Fahrlässigen noch demjenigen, der seine ichhaft orientierte Sicht für absolut hält und alles an dieser Einstellung bemisst, gepredigt werden darf. Denn der Törichte haftet tief an der fünffachen Gier (Augen, Ohren, Nase, Zunge, Körper), sein fixiertes Herz kann nicht offen sein für das, was er hört, so dass er sogar das Gehörte zu seinen Gunsten missdeutet und dadurch großen Schaden stiftet.[6] Die Lehre kann eher von denjenigen, die nichts mehr zu verlieren haben, aufgenommen werden, worin das geheimnisvolle Wirken des Vaters, der gerade in äußerster Not mit seinem unermesslichen Erbarmen handelt, nicht übersehen werden darf und im Herzen bewahrt werden sollte.

Im 4. Kapitel wird dargestellt, wie tief unser Misstrauen gegen den Vater – Leben-Selbst – ist und wie schwer in uns das Vertrauen zu erwecken ist. Mit Geduld und Güte leitet der Vater den Sohn Schritt für Schritt, um ihn fähig zu machen, das Leben zu empfangen, denn er, wir alle, können durch die wahre Teilhabe an der Wahrheit, die unermesslichen Schätze, die wir erhalten sollen, ohne rechte Bereitschaft des Empfangens verblendet werden, solange unser Wille in den Willen des Leben-Selbst nicht integriert worden ist. Denn das, was wir erwarten, übersteigt nie unsere im Willen gebundene Vorstellungskraft. Daher wird immer wieder ermahnt, mit äußerster Anstrengung – durch *Übung und Verzicht* – von jeglicher Anhaftung, von Illusionen, frei zu werden. Erst dann vermag der den ***Shugyō**-Weg* Gehende dem Lebens-Gesetz zu folgen, auf dem er im Vergänglichen das Unvergängliche vernimmt; das zuvor Unsichtbare wird sichtbar.

Ist es im 3. Kapitel des *Sũtras* vor allem *Jihi* – das Mit-leiden des Vaters aus Erbarmen –, das kontrastiert zu *Mumyō* – der Ignoranz des Bewusstseins seiner Kinder – offen gelegt werden soll, geht es im 4. Kapitel um den *Shugyō-Weg* des weggelaufenen Sohnes, dessen Heimfinden der Vater mit großer Umsicht in die Hand nimmt, auf dass ihm seine Sohn-Schaft bewusst werde. Im *Sũtra* selbst bleibt das Warum des Weglaufens offen. Selbst wenn es dafür viele Gründe geben mag, so lässt sich doch der Drang nach dem Leben, um dies – gesteuert aus dem eigenen Antrieb – einzuholen, gemeinhin annehmen. Jedoch, das *aus eigenem Antrieb* birgt in sich bereits die Gefahr des Misslingens, dem – mittels der eben davon betroffenen Vermögen – leichthin nicht zu entkommen ist, wie der Text versucht zu unterstreichen.

Die fünfzig Jahre, die der weggelaufene Sohn herumirrt und Not leidet, will ein tiefes Bild sein für das Leben vieler Menschen, die trotz ihres scheinbar unablässigen Suchens nicht vermögen, dem Leben untrüglich zu begegnen. Unbewusst, ohne besondere Absicht als Tagelöhner umherstreifend, geschieht für den Sohn die unvorhersehbare Begegnung mit dem Vater: dessen ungeachtet, er erkennt ihn nicht! In diesem *Sich-begegnen* trifft die Verelendung des Sohnes, sein Nicht-erkennen, mit dem alles vermögenden Vater aufeinander. Der zuvor Verschollene, jetzt hier Ankommende, kann diesem Umstand nicht standhalten, so dass er versucht, aus Angst zu fliehen.

Gleichwohl, weil das Leiden des unbewusst auf der Heimkehr sich befindenden Sohnes im Mit-leiden des Vaters aufgehoben ist, kann ihm *der Weg seines Wiedergeboren-werdens* gelingen. Das im Augenblick für ihn Wendende, das der Fliehende wählt, ist ein für das tägliche Leben niederes sich Verdingen im Armenviertel. Nicht das zwang-orientierte Greifen nach dem fliehenden Sohn läßt dem Vater sein tiefes Verlangen, ihn zurück zu gewinnen, gelingen, sondern das seinem Zustand Angemessene, was er verkraften kann, ermöglicht den Einstieg zur Wende. Das ist der Einstieg, den der Vermögende nun wählt und zum Sohn hinabsteigt – zunächst durch andere, dann er selbst –, so dass jener in den ***Shugyō**-Weg* hinein finden kann.

Fragen wir, was hat eigentlich zu geschehen, um auf diese Weise das Erbe neu in Kraft zu setzen, dann ist es dies: der Sohn soll fähig werden, seine Sohn-Schaft, die der Vater ihm als seinesgleichen besiegeln will, dieses Siegel desgleichen gebührend empfangen zu können. Dieses Siegel ist nichts anderes als das Vermögen, ebenfalls aus Erbarmen mit zu leiden, denn erst dadurch wird der Sohn ganz geeint mit dem mit-leidenden Vater; das ist das zu empfangende Erbe, wofür er sich gemäß dem Willen des Vaters bereiten muss. Den zuvor Weggelaufenen und Vagabundierenden lässt der Vater nun zwanzig Jahre – bedachtsam geführt mit Mitgefühl – zunächst niedrigste Schmutzarbeit ausführen, worin der Sohn zusehends sich als zuverlässig erweist, ja, aufrichtig *Übung und Verzicht* praktiziert. Schmutz, ein Bild für das zu reinigende Herz des Sohnes, dessen Vertrauen zum Vater sich aufgrund der erlangten Gewissens-Reinheit ersichtlich festigt. Daraufhin bestellt ihn der Vater zum Verwalter seines ganzen Vermögens.

Obschon dem Sohn der Vater gegenwärtig seine unermesslichen Schätze zugänglich macht und schließlich sie ihm zum Verwalten anvertraut, bleibt dieser – dessen ungeachtet – außerhalb des Tores zufrieden in seiner Strohhütte wohnen. Bislang ahnt der Weggelaufene die Absicht des Vaters keineswegs. Die eigene Armut, das Erkennen seiner Nichtigkeit im Nicht-besitzen, was ihn vor Anhaftung und Arroganz bewahrt, ist die Bedingung, wahrhaft Sohn zu sein. Nur in dieser Armut kann das Leben – der Vater – seinen Schatz *ihm gleich* stiften. Seiner Entscheidung, ihn zum Erben über all sein Vermögen zu setzen, steht nichts mehr im Weg. Der wahre Erbe – edelmütig und selbstlos – empfängt somit vor allen Versammelten dessen, dem unermessliche Schätze eigen sind, diese, um sie nach seinem Willen zu walten. Der Schatz des Vaters, das Mit-leiden, ist die wahre Freiheit: frei zu sein von allen Bindungen – vor allem von sich selbst –, was über sich hinaus getragen und gewirkt werden muss. Heimgefunden, unerwartet erkennt er den Vater, ja, sein wahres Erbe: reif geworden zu empfangen und erfüllt mit großer Freude; dies alles ist ihm zugleich doch sehr verwunderlich.

Im Erbe, das dem Sohn zukommen soll, ist mittels einer Bildrede versucht, das Eigentliche des Lebens, das Mit-leiden, auszulegen. Ohne *Übung und Verzicht* erzeugt das Verlangen nach der wahren Erbschaft Illusionen, die auf das wirkliche Einholen dessen, was das Authentische des Lebens ist, hemmend wirken. Soll das Leben uns wirklich als solches sich erfahrbar mitteilen, ja, letztlich uns erfüllen, ist hierfür das existentielle Bewusstsein der eigenen Nichtigkeit unabdingbar.

Im Wort selbst, durch das sich das Leben aussagt, ist ein initiatives Moment des Bewirkens gegeben, das auf *seine Akt-Dy-*

namik, seinen innersten Kern, hinweist. Diese Manifestation des Lebens anzuerkennen, sich auf dessen Bewirken-wollen einzulassen, lässt unser Leben die ihm eigentlichen Früchte – wie und wo auch immer – zeitigen.

Anmerkungen

Anm. a: Kimyō → Umkehr: Rückkehr zum Ursprung. Der Übung und Verzicht Vollziehende kehrt sich – die fünf Sinne und das diskursive, imaginative und emotionale Bewusstsein in sich selbst sammelnd – zur Identität, seinem innersten Grund, dies, weil die fünf Sinne und das zerstreute Bewusstsein, gestimmt aus der verschmutzten Differenz, aktiv werden und wir dadurch dem eigenen Grund widersprechend an verschiedenen Objekten anhaften, die mit diesem Gestimmt-sein korrespondieren.

Anm. b: Anlastend-Vergangenes, das in seinem Widerspruch zum Leben Ungelöste, fesselt die Vermögen, was verhindert, das Leben je der Situation angemessen authentisch in die Tat zu setzen: ein Dasein, das einen Geruch von Fäulnis und Zersetzung an sich hat.[7]

Anm. c: Das brennende Haus und alles, was darin kreucht und fleugt, lässt uns einen Blick ins menschliche Herz werfen. Aus unerfahrener Sicht gelesen, scheint diese Darstellung weit überzeichnet. Da jedoch der Weg zum Erwachen durch all dies hindurch sich verwirklichen lässt, wird beim 'Gang durch die Wüste' die Realität des hier Aufgezeichneten zunehmend erfahren, außerdem hält diese Erfahrung den, der den Weg geht, wach, um nicht erneut der Illusion des Angekommen-seins zu verfallen. Weil über das instrumentelle Bewusstsein das dergestalt hier gezeichnete Herz in seinen Tiefen nicht angehbar ist, sondern durch Übung und Verzicht – Shugyō – zugänglich wird, kann und will es den klärenden Weg realistisch begleiten und zu seinem Ziel führen.

Anm. d: Die Initiations-Kraft ist unter folgenden Aspekten zu sehen: die Identität ist, vermöge der hier zugrunde liegenden Wahlverwandtschaft, das durch die Initiations-Kraft Zuerweckende. Anlässlich ihres erwachten Status korrespondiert nun die Identität bewusst mit der das Erwecken verursachenden Kraft. Dank dieser Kommunikation wird das Woraufhin des Erwachens im Enthüllen des wechselseitigen sich selbst Auslegens deutlich. Das hier Empfangene offenbart sich in seinem fortwährenden Hervortreten und wird als das Leben-Selbst anschaulich erkennbar; das sich selbst Bewusst-werden der Identität hat seine Wurzel in jener Wahlverwandtschaft.

Anm. e: Disponiert-sein zielt auf das Ausreifen der inneren Haltung; in ihr ist das ichhafte Begehren auf dem Weg, zur Ruhe zu kommen. Alle Arten von kreierten Objekten, an denen wir anhaften, verstellen dem initiatorischen Akt nicht nur den Zutritt zum Kern unseres Daseins, sondern der Lebens-Impuls selbst, dem das innere Verlangen, zu erwachen, entspringt, ist durch jene Objekte diskriminiert, so dass sein Vermelden nicht recht vernommen werden kann. Aufrichtiges Disponiert-sein ist offen für den unerwarteten Augenblick: da geschieht die Initiation.

Anm. f: Das Fahrzeug, welches der Vater seinen im brennenden Haus sich verirrten Kindern verspricht, um sie zu befreien, ist hier im Sutrã der in eine Bildsprache gekleidete Mahãyã-

na-Shugyō-Weg: Daijō – das große Fahrzeug – ist der Weg, der einlädt, das Mensch-sein auf diesem Übungs-Weg möglichst ganzheitlich einzuholen. Das Kriterium des Eingeholten erweist seine Echtheit im die anderen zum Leben Erweckenden.

Das Übungs-Feld von Daijō lässt sich in groben Zügen folgendermaßen umschreiben:

– sich rüstend aufbrechen, um den übermächtigen Berg zu besteigen;

– aber auch, sich in die Höhle des Löwen wagen und ihm trotzen;

– der Gegensatz der zwei Seins-Wirklichkeiten, Differenz und Identität: es geht letztlich um dessen Aufhebung, erreichbar durchdrungen vom Leben-Selbst;

– die zu tragende Verantwortung und die auf sich zu nehmende Schuld: dies ist jedoch nicht ausschließlich – bezogen nur auf sich selbst –, sondern einschließlich – auf das gesamte Verwoben–sein des Lebens – in die Tat setzend zu vollziehen;

– auf dem Grund des Lebens beruhend in Einklang stehen und vielfach daraus folgend Früchte tragen;

Seine zusammenfassende Illustration erhält dieser Weg im Ideal eines Bodhisattva, der jederzeit bereit ist, aus Güte für die in der Welt aus Ignoranz Verirrten und in Verzweiflung Verlassenen sich aufzuopfern; dies sogar auf Kosten seines eigenen Weges zur höchsten Vollendung.

Literatur

Hokekyō, Myōhōrengekyō übersetzt und ausgelegt von Sakamoto Yukio und Saddharmapundarika übersetzt und ausgelegt von Iwamoto Yutaka, Iwanami-Verlag, 1991

Daijōbukkyō, Bd.4-5 Hokekyō, übersetzt und ausgelegt von Nagao Masato etc, Chūōkōron-Verlag, 1975

Lotos-Sūtra, übersetzt von Margareta von Borsig, Lambert Schneider Verlag, 1992

Disposition zu Lukas 15,11-32

Gen 1-3 versinnbildlicht den aus seiner Einheit heraus gefallenen Menschen. Vor dem ‚Sündenfall' ist der Mensch in Geborgenheit mit seinem Schöpfer. Da jedoch dem Menschen nicht nur Gleichheit, sondern auch Un-Gleichheit mit Ihm zu Eigen ist, ist die ‚Versuchung der Schlange' möglich, die ihn aus jener Geborgenheit heraus fallen lässt, wodurch unser *Unterschieden-Sein* zutage tritt. Dieses Fallen, verursacht aus Ich-Begierde, bindet ihn an sich selbst, so dass sein Verbunden-sein mit dem Göttlichen schlechthin gestört ist; sowohl unser Mensch-sein als auch unser kosmisches Eingebundensein sind beeinträchtigt.

Der durch eigenes Wollen heraus gefallene Mensch, der leidet, muss dieser Tatsache gewahr werden, um Zweifel an seinem Anhaften zu wecken. Der Mensch muss – aus dem eigenen Grund erweckt – selbst zum *Großen Zweifel* werden. Dieser deckt das Illusionäre, das zuvor für wahr Gehaltene, auf, erschüttert dies und lässt alles, was auf seinem Ich gründet, als *Schall und Rauch* erkennen. Hier tut persönliche Willens-Wendung Not, um den Weg zurück – die Kehre – einzuschlagen, was die Bedeutung von ***Kimyō*** ist: zurück zu seinem Ursprung – zum Leben-Selbst –; Umkehr, nur im Vertrauen vollziehbar, worin der Vater letztlich der eigentlich Handelnde ist.

Mit-leiden des Schöpfers – auf die ganze Schöpfung ausgedehnt – ist das Erbarmen, sie aus der Finsternis ins Licht heimzuholen, was uns im Vater aufgrund unserer Unfähigkeit zur Umkehr vor Augen gestellt werden soll. Wie wir sehen, ist auch im Buddhismus Barmherzigkeit die Kernfrage. Indem das Mit-leiden im Licht und das Dasein in Finsternis am Gleichnis ‚der verlorene Sohn' gedeutet wird, soll das Geschehnis der hierzu vollziehenden Kehre offen gelegt werden. Da dies im *Saddharma-pundarika-sūtra* ausführlich entfaltet ist, kann es zur Ausdeutung des verlorenen Sohnes herangezogen werden.

Zu Bild 1

Der Anspruch an Besitz, aus Anhaftung vom Sohn an den Vater gerichtet, zeigt: der Sohn nimmt nicht wahr, dass er im Vater geborgen ist. Indem er sich von ihm trennt, weil sein Im-Vater-sein *unfrei* sei, fällt er aus der Lebens-Einheit schlechthin heraus. Aus Unwissen geht seine Intention in die Irre. Er will das Leben mit seinen Händen ergreifen und es verfügen, wodurch seine Geborgenheit im Vater zerbricht – dies allerdings nur vom Sohn her –. Das Sich-lösen aus der Einheit mit dem Vater wird zum inneren Diebstahl, der intendierte Gewinn zum Verlust, was ihm jedoch erst in äußerster Not aufgeht.

Der Vater gibt, obwohl er weiß, was damit geschieht. Dies tut er im Wissen, dass er den Sohn nur, sofern dieser sich seiner eigenen Nichtigkeit bewusst wird, wirklich zu sich zurückführen kann: hier offenbart er sein wahres Herz. Das Erbe kann vom Leben – vom Vater – getrennt *nur* mißbraucht werden.

Zu Bild 2

Der Sohn, wegen seiner Hab-Gier in seinem Erkennen verblendet, fällt dort, wo die Geier lauern. Jedoch, diese Gefahr kann er nicht nur nicht wahrnehmen, sondern vielmehr läßt er sich darin treiben, spielt sein Spiel mit Lust und überantwortet sich seinem Begehren. Indem er aus illusionärer Freiheit handelnd alles verfügt, was er glaubt zu haben, verschleudert er sein ‚Gut', ja, seine Entfremdung zum Leben vertieft sich.

Das Gleichnis vom brennenden Haus im *Lotus-Sūtra* zeigt die Blindheit der Kinder, die in dieser Gefahr – den Vater nicht ernst nehmend – mit Lust ihr Spiel spielen. Auf diese Weise will uns vor Augen gestellt werden, wie tief die Finsternis in uns haust.

Zu Bild 3

Sich vom Vater zu trennen bedeutet, sich von den Lebensbedingungen abzuschneiden und demzufolge dem gegen das Leben Gerichteten zu dienen. Verabschiedet vom Vater wähnt er, er lebe. In Wahrheit, er ist schon im Tod. Mit dem *Ohne-den-Vater* trifft der Sohn nicht nur sich selbst, sondern seine Lebens-Welt mitsamt: sie erfährt Störung, ja Zerstörung, was in Lk 15,14 angedeutet ist: „Nachdem er alles vergeudet hatte, kam eine schwere Hungersnot über jenes Land, und er begann zu darben".

Erst in äußerster Not hält er inne und nimmt wahr, dass er das vom Vater erpresste Vermögen in Saus und Braus durchgebracht hat. Seiner Lebenschancen beraubt fiel er zuunterst. Hilflos und verlassen ist er völlig ausgelaugt auf sich selbst geworfen. Im Angesicht des nahenden Todes erinnert er sich seiner Geborgenheit im Vater, was ihm seine Nichtigkeit spiegelt. Nun fängt er an, sein geistiges Tod-sein zu ahnen, ein Zustand, der nur vom Vater zu wenden ist.

Zu Bild 4

Obwohl er alles, was ihm verfügbar war, vergeudete, blieb ihm doch das Erbarmen des Vaters. Sein nicht verantwortetes Leben, das sich in diesem Erbarmen spiegelt, kann er jetzt – sein Verfehlen – erkennen und bereuen, was in ihm die Einsicht reifen läßt, zum Vater – zum Leben-Selbst – zurückzukehren, um vor dem endgültigen Tod bewahrt zu werden.

Auch wenn bei Lukas der Heimweg in seiner spezifischen Problematik nicht entfaltet ist, soll doch hier versucht werden, sie anhand der Erfahrung mit vielen Menschen auf dem

***Shugyō**-Weg – Übung und Verzicht* – zu veranschaulichen. Der Weg der Kehre ist nicht frei von Hindernissen, die das Zurück zum Leben nicht nur versuchen zu behindern, sondern sogar beinhalten, ihn zu Fall zu bringen. Wird das Gewissen „Gesündigt gegen den Himmel" unterwegs nicht wach, kann es ein Zeichen des Entgleitens vom Weg sein. Hier lauert die Gefahr, anstelle des Abstiegs in die eigene Finsternis den Aufstieg – etwas zu sein, zu haben und zu wissen – zu suchen, woraus ein stolzes Herz keimt. Aus Stolz fällt der Mensch, er nimmt die erbarmende Gegenwart des Vaters nicht wahr. Durch das oftmals ihm selbst verborgene Verweigern schneidet er sich willentlich vom Leben-Selbst ab, überantwortet sich dem ihm Entgegengesetzten und identifiziert sich letztlich mit diesem. Ist es der Wille des Vaters, den Sohn zu sich zurück zu führen, harrt das Böse ebenfalls, ihn für sich zu gewinnen, um ihn gegen den Vater zu wenden.

Der Mißbrauch der verliehenen Lebenszeit ist die Verletzung der *Freiheit*, in die der Mensch gesetzt ist, um für sich selbst und über sich hinaus Verantwortung zu tragen. Trennt er sich von der Einheit des Lebens, trifft dies deshalb nicht nur ihn, sondern immer auch den ganzen Kosmos. Diese Tatsache, die Lebens-Dimension, in die wir gesetzt sind, will uns das Bekenntnis des Sohnes „Gesündigt gegen den Himmel" klar machen; jeder Akt ist immer das Ganze erhaltend oder es zerstörend korreliert.

Zu Bild 5

Im Heim-Weg des Sohnes wird das Erbarmen des Vaters voll sichtbar. Auf diesem mühsam-schmerzlich vollzogenen Weg eilt der Vater zu Hilfe, um das Leiden des Sohnes – aus Anhaftung geboren – auf sich zu nehmen und zu wenden, denn nur vom Vater selbst kann diese *Ferne* aufgehoben werden: Vergebung von Schuld. In der Bekehrung, in der der Vater das Leiden des Sohnes selbst trägt, geschieht nicht nur Vergebung, sondern mehr: wahre Kehre zum Ursprung. Durch die Versöhnung des Vaters mit dem Sohn geht diesem auf, in welcher Geborgenheit er als Sohn angenommen ist.

Das beschwerliche Zurück zum Leben ist im *Lotus Sũtra* sehr ausführlich dargestellt, indem die Spannweite zwischen dem Erbarmen des Vaters und dem Nicht-Erkennen-Können des Sohnes uns in aller Klarheit vor Augen gestellt ist. Den Weg der Läuterung seines Bewusstseins offen zu legen, ist eben anhand des *Sũtras* versucht.

Zu Bild 6

Die Heimkehr des Jüngeren deckt den unsichtbaren Zwiespalt auf, in dem der Ältere sich versteckt. Sein Gehorsam, seine Rechtschaffenheit, Treue und Dienstbereitschaft machen ihn selbst blind für die darin wirkende Habgier. Er kalkuliert: ‚Alles wird mein Eigen sein, denn ich diene dem Vater'. Auch er erkennt sein Geborgen-sein im Vater nicht. Als sein vermeintliches Erbe unerwartet infrage steht, bricht sein Zorn aus verletztem Stolz – gekoppelt mit Neid und Eifersucht – aus. Aufgrund seiner *vom Vater erfahrenen Ungerechtigkeit* rechtfertigt er nicht nur sein Verhalten ihm gegenüber, sondern auch das Urteil über den verwahrlosten Bruder.

Dass die wohlwollende Zuwendung des Vaters, die er ausschließlich für sich selbst beansprucht, immer auch für alle und alles gilt, ja das Zugekommene nochmals dem Vater zurückgegeben werden muss, als hätte er es nicht empfangen, vermag er nicht zu fassen. Wird das Empfangene nicht weitergereicht, sind dessen Früchte unterschlagen. Dadurch erstarrt und verdirbt nicht nur die Gabe, sondern auch das Leben wird zerrüttet. Wie wir sehen, steht der Mensch unabdingbar in der Pflicht, das ihm Zukommende weiter zu geben. Eben deshalb sollte der Ältere dem Heimkehrenden Mitleid erweisen, mit ihm teilen, anstatt zu zornen, denn nur der Vater weiß, wer, was und wie vonnöten hat. Der Ältere geriet durch die Heimkehr des Jüngeren in Versuchung: wer glaubt, in Sicherheit zu sein, ist immer auch in Gefahr, zu fallen.

Die Auslegung des Jüngeren – sein Weglaufen und Heimkehren – ist für die Auslegung griffig, dagegen greift man beim Älteren – Daheimgebliebenen – ins Dunkle. In beiden will sich uns konkrete Erfahrung der Welt spiegeln, wobei die des Jüngeren offen zutage liegt, während die des Älteren durch die Fassade seiner Rechtschaffenheit verdeckt bleiben und deshalb täuschen kann. Deshalb, soll für uns die hiermit intendierte Einsicht in verunglückte Lebens-Haltungen aus dem Gleichnis fruchtbar werden, darf nicht nur – fast ausschließlich – der Jüngere zum Thema werden, sondern das versteckt kaschierte Herz des Älteren ist ebenfalls aufzudecken, um nicht seiner täuschenden Haltung zu erliegen. Beide Haltungen finden wir im alltäglichen Lebensvollzug, allerdings mit dem Unterschied: um das kaschierte eigene Herz zu durchschauen, muss der Mensch in sich selbst tiefer blicken, damit er sowohl von der Täuschung seiner selbst als auch von der der anderen frei werden kann. Wird dieser Zusammenhang nicht aufgedeckt, bildet sich für das Zusammenleben ein versteckter, oftmals vergiftender Unruheherd; viel erfahrene Lebensproblematik hat hier ihre Verursachung. Es geht um die Einsicht: *für beide Söhne lässt der Vater das Mastkalb schlachten.*

In Finsternis

Wer ist der Vater und wer sind die zwei Söhne, von denen das Gleichnis spricht? Diese Zwei sind niemand anderes als wir selbst: Sünder, Zöllner und Pharisäer. *Mit vollem Recht* verlangen wir als Erben Besitz, von dem wir wähnen, er stünde uns zu. Das Ertrotzte kann dann zum Mittel für unser vermeintliches Wohl benutzt werden. Trifft uns das Gleichnis nicht, fällen wir bereits ein Urteil über andere, dies, um unserer Rechtfertigung willen.

In der Annahme des Erbguts zeigt sich, dass sie sich als Söhne verstehen. In Wirklichkeit aber sind sie nicht *Sohn*, weil sie es bloß als *Gegenstand* empfangen: der Vater selbst wird für sie zum *Gegen-Stand*. Daraus folgt Trennung, durch die ihr Unwissen sich vertieft: *Finsternis hält Einzug*. Daher mangelt es ihnen, sowohl den Vater als auch sich selbst zu erkennen. Dieser Mangel ist das Tor, durch das sich die Begierde, das *Seine* zu verfügen, einschleicht; die Zunahme ihrer Verblendung trennt sie noch weiter vom Vater. Adam jedoch wusste, wonach er griff, *Gott gleich zu sein*. Da er durch das Gebot um seine Unterschiedenheit weiß, wird er durch die Tat des Ungehorsams sich seiner Schuld bewusst.[1] Die beiden aber erkennen aufgrund ihres Mangels, verursacht aus der Genealogie, weder ihr Unterschieden-sein noch ihre Schuld.

Obwohl sie in der Geborgenheit des Vaters sind, wird diese von ihnen nicht wahrgenommen. Im *Saddharma-pundarika-sūtra* sagt der Vater: ‚Diese Kinder sind äußerst schwer zu erziehen, ja sogar töricht, so dass sie – unwissend – in die Gefahr hineinfallen. In der lodernden Flamme, die sie umschließt, lauern unzählig viel giftige Ungeziefer und Furcht erregende Gespenster. Dennoch haften sie an ihrem Spiel und wollen nicht heraus'.

Wer ist dieser Vater? „...keiner erkennt den Sohn denn der Vater. Und den Vater erkennt keiner denn der Sohn“,[2] denn „Ich und der Vater sind eins“.[3] Was will dies uns sagen: je mehr der Mensch sich selbst im Licht des Lebens erkennt, desto tiefer wird sein unterscheidendes Wahrnehmen mitsamt, beides ist nicht voneinander zu trennen. Da jedoch die Menschheit aus der Einheit sehr wohl heraus gefallen und in ihrem Erkennen gestört ist, ist sie primär an den Objekten orientiert. Darin bleibt der Durst der Begierde eines Menschen unerfüllt, weshalb sein Herz nie zur Ruhe kommt. In dieser Unruhe, ihrem Suchen nach *etwas Verlorenem*, womit er sich unwiderruflich identifizieren kann, ist der Vater am Werk. Aus der Erfahrung der Vergänglichkeit und Not tut sich der Pfad zu dem, was das Leben trägt und erhält, uns auf. Indem der Mensch dies erkennt und annimmt, wird ihm die Einsicht geschenkt, dass jegliche Art der Absonderung von der Gemeinschaft, in die er eingestiftet ist, letztlich die Scheidung vom Leben bedeutet. Dieses Leben ist eben der Vater: allein er kann das, was wir von uns aus nicht vermögen, wenden; uns das Verlorene wieder zuzueignen, hat je seine Zeit, die nur er weiß.

Die Sorge um dieses und jenes, um das Vergangene und das Zukünftige, fesselt uns: das Hier und Jetzt ist vereitelt. Die Zerstreuungen, die uns unserer Kräfte berauben, vereiteln eben, wach zu sein für die Gegenwart. Nur in ihr schaut der Mensch, was er wirklich ist. Kommt das Pendel – das Hin und Her – des Bewusstseins zur Ruhe, erschließt sich ihm zum ersten Mal sein Gefesselt-sein. Ist dabei die Ruhe Selbstzweck, das Ergebnis ist jedoch Selbsttäuschung. Authentische Gegenwart ist erst dort, wo es kein Objekt, ja keine Fixierung mehr gibt. Könnte hier das sich zerstreuende Erwägen bewegt werden: Keineswegs! Allerdings, hierzu kann der Mensch allein durch *Shugyō – Übung und Verzicht* – nicht gelangen. Erst wenn das unterscheidende Erwägen selbst in dieser Gegenwart gehalten ist, dann ist sein Urteil frei von irregeführten Verengungen. In solchem Gesammelt-sein vernimmt er, was ihm der Vater mitteilt: *den Weg zum Leben*.

Der Mensch ist Geschöpf Gottes. In ihm sind Differenz und Zuordnung grundgelegt.[4] Hierin ist wohl die Möglichkeit für die anfängliche Versuchung gegeben. Falls der Mensch aus dem erwachenden Begehren Gott gleich werden will und deshalb versucht, die gesetzte Differenz und Zuordnung aufzuheben, greift er nach dem, was von ihm so nicht verfügt werden kann. Im Verlangen *‚gib mir'* zeigt sich *Finsternis*, der Zwiespalt zum Leben, der von Anfang an – seit Adam – vorhanden ist. Das Gleichnis lehrt, wie tief in uns diese Trennung wurzelt, was durch das Verhalten der Söhne klar vor Augen gestellt werden soll. In der Herausforderung des Ichs durch das *‚gib mir'* beginnt die Veruntreuung, die sich gegen das Leben-Selbst richtet. „Wer nicht mit mir – gegen mich – ist er. Und wer nicht mit mir sammelt – der zerstreut".[5]

Warum haftet der Mensch am eigenen Leben? Er kann die Vergänglichkeit – den Tod – nicht annehmen. Deshalb ist er von Natur aus – wissend oder unwissend – auf der Suche nach seiner Identität. In seiner existentiellen Wurzel liegt die verborgene Neigung zur Einung mit ihrem Ur-Grund. Da jedoch diese Wurzel von Fäulnis befallen, in ihrem Streben danach irregeleitet ist, wird *Einung* primär innerweltlich gesucht. Der Mensch, der seine Identität in verkehrter illusionärer Weis sucht, hadert, um den Konflikt seiner Differenz und Zuordnung zum Leben zu überwinden. Durch die unstillbare Begierde der Bewältigung seines Identitäts-Konfliktes nimmt die innere Finsternis – die Beeinträchtigung des Wahrnehmens aus Anhaftung – zu. Letzten Endes kann der Mensch so weit gehen, sich von der wahren Identität zu trennen, ja diese zu negieren: die Summe seiner unversöhnten Existenz.

Finsternis haust im Menschen. Dass er das Licht nicht erkennen kann, ist die Ursache seines Leidens. Nebel im Erkennen läßt ihm die Gründe seines Handelns weitgehend nicht einsichtig werden, ob er dies sich eingesteht oder nicht. Dennoch erfährt er *Störung* als das Ergebnis seiner Tat. In diesem Warn-Signal liegt für ihn ein Zweifaches: eine Chance zu erwachen, nämlich, die eigene Finsternis zu erkennen, oder aber dieser in noch tieferer Weise zu verfallen, ihr zu dienen, wobei er nicht einsehen kann, dass er von ihr gesteuert ist. Solange im Menschen das Anhaften nicht zur Ruhe kommt, ist ihm der Weg, dem Leben ganzheitlich zu begegnen, verstellt. Dies deshalb, weil eben der *Lebens-Grund* durch die Finsternis bedeckt ist, ja, weil an seiner Stelle das *Ich* unmittelbar die zu setzenden Akte des Menschen bestimmen kann: hier ist der Anlass für die Verabsolutierung des Ichs. In dieser Vertauschung wird sein Leben – repräsentiert eigentlich durch den Grund – vom *Ich* her erfahren. *Dieses verabsolutierte Ich* ist es, was dem Leben – dem Vater – widerspricht.

Aus dieser *Saat der Ich-Anhaftung* keimt das in ihr grundgelegte Begehren danach, etwas zu sein, etwas zu haben und etwas zu wissen: Ich-intentionale-Akte erzeugen Dispositionen, das Bewusstsein insgesamt ist davon betroffen. Durch das so erzeugte Konglomerat von Widerspruch wird der Grund, der uns die Wahrheit spiegeln kann, immer weniger vernommen. Je mächtiger diese dunklen Kräfte wirken, desto gestärkter wird der Ich-Wille, die Anhaftung an Anhaftung. Hierdurch entsteht Angst: Angst vor dem Verlust des auf dem Ich gebauten illusionären Besitztums. Scheidung anstatt Einung ist die Wurzel allen Leidens. Kurz, diese Anhaftung an Anhaftung ist letztlich Anhaftung an das Leiden selbst: solch ein *Identisches-Erfahren* sucht dergestalt sich zu rechtfertigen – für sich selbst und für andere –, ja, letztlich für die gesamte Lebens-Welt.

Jeder Mensch ist darauf verwiesen, sein Handeln von seinem Identitäts-Anspruch her zu bestimmen, sei es positiv, sei es negativ. Entscheidend ist: kommt der Anspruch aus der Identität der Kern-F oder aus der mit den Dispositionen korrespondierenden Differenz; in jener ist kein Ich-Anspruch. Setzt der Mensch als Maß sich selbst absolut, an dem er sein Handeln – Differenz-bezogen – aus dem vermeintlichen Identitäts-Anspruch bestimmt, wirkt dieser, der ja nur analog sein kann, Ego verstärkend. Diese Analogien, wie absurd es auch klingen mag, sind als solche unentbehrlich, um zur ursprünglichen Identität zurückfinden zu können.

Aus Anhaftung folgt jeglicher Herrschafts-Anspruch. Weil die Ursache der zuvor beschriebenen Anhaftung in der Regel nicht einsichtig ist, kann der Handelnde von seinem Antrieb beherrscht sein. Je uneinsichtiger er wird, umso legitimer wird ihm sein Intendieren; dies so weit, dass seinem Nächsten das innere Verlangen nach authentischer Identität abhanden kommen kann, ja ihm die Möglichkeit zur Umkehr vereitelt wird.

Vor allem religiöser Ausschließlichkeits-Anspruch ist ein Instrument der Selbsttäuschung. Gekoppelt mit der Selbstverabsolutierung legitimiert sie das intendierte Handeln. Daraus folgt massive Unterdrückung den Nicht-Gleichgesinnten gegenüber. Doch nicht nur dies, sondern darin ist das richtende Urteil über den anderen versteckt.

Bewusst-Werdung

Die Erfahrung, die unser Leben – in dessen Vollzug – leer laufen lässt, ist ein Obstakel, was seine authentische Gegenwart unterschlägt. Hierdurch ist nicht nur das, was sich von Moment zu Moment ereignet, desorientiert, sondern die daraus zu ziehende Konsequenz wird ebenfalls nicht eingelöst; das ist für uns selbst und auch für unser verwiesenes Dasein mitsamt festzustellen. Weil unser Blick vom wahren Sinn des Lebens abgelenkt ist, bleibt uns solches Leer-laufen im täglich *innerweltlichen Umtreiben* lange Zeit verborgen; daraus zu lernen ist uns fremd, so dass wir auf dieser leeren Bahn weiter fahren. Oftmals bestimmt das Sich-aufblähen weitgehend die *verfunktionalisierte* Lebens-Zeit. Garben ohne Körner in den Ähren, Hülsen mit verdorbener Frucht sind das Ergebnis des Leerlaufs, dies schlicht deshalb, weil das Leben – seine Ordnung – diskriminiert ist. Versuchen wir, aus der Weisung zur Integration unseres Daseins auszusteigen, fallen wir ins Leere; der Trick dabei ist, dass das, was in Wirklichkeit leer ist, sich uns als sein Gegenteil zu erfahren gibt. Aus diesem Grund: um uns von dieser Fessel zu befreien, werden wir nicht müde, von der Not-wendenden Pflicht des Erwachens zu reden. Indes, solange wir das Wach-werden als ein bloß menschliches Werk – auf das instrumentelle Bewusstsein bezogen – verstehen, geschieht die Wende nicht, sondern wir bleiben im Illusionären stecken. Hierbei meinen wir zwar, etwas erreicht zu haben, aber in Wirklichkeit sind das nur uns täuschende Vorstellungen voller Problematik, denn sie geben uns vermeintliche Sicherheit für das Handeln; wir sind noch mehr geblendet als zuvor, geschweige denn wach geworden.

Um wach zu werden, dürfen wir das, was das Erwachen ist und wie es geschieht, nicht aus den Augen verlieren. *Unser ganzes Mensch-sein ist Erkennen-können*, das ist die zur Bewältigung des Daseins in uns grundgelegte Basis: die Ohren, die Haarspitzen bis zu den Finger- und Fussnägeln, alles hat Anteil am Erkennen. Demgemäß, soll das Vermögen dessen, was am authentischen Erkennen partizipiert, zur Geltung kommen, ist das Gesamt des Mensch-seins zu reinigen, sein Transparent-werden ist Voraussetzung für das Erkennen. Das ist der Grund, weshalb in den Sesshins und auch in unseren Texten der Schwerpunkt auf Reinigung und nicht auf Erleuchtung liegt. Ohne diese Transparenz – nicht nur die materiegebundene Existenz betreffend, sondern das Dasein mitsamt berücksichtigt und einbezogen – ist für uns authentisches Erkennen vereitelt; das zu erfassen ist der erste wesentliche Schritt auf dem Weg zum Erwachen.

Wollen wir der hier notwendig geforderten Transparenz der in Raum und Zeit gebundenen Existenz gerecht werden, ist hierfür *das pflichtige Verwiesen-sein* des gesamten intentionalen Akt-Feldes des Mentalen, des Imaginativen und des Emotionalen zu respektieren. Soll das Einholen des Weges nicht als einen Schritt vor und einen zurück erfahren werden, muss das in *Übung und Verzicht* Gewonnene im Tun und Lassen gegenwärtig sein. Demzufolge ist das rückbezügliche Prozess-Feld für die Authentizität von *Shugyō* unentbehrlich; je eindeutiger diese Verknüpfung wird, desto glaubwürdiger erweist das Erwacht-sein seine Echtheit. Worin weist sie ihr verifizierendes Kriterium auf: im dem Maße, wie seine Transparenz offenkundig wird, lässt sich die authentische Verwirklichung des *Shugyō-Weges* zeigen. Transparenz will hier sagen, dass die Akte des Denkens, des Redens und ihr Tat-werden frei geworden sind vom Zwielicht jeglicher Selbst-Bestätigung. Durch *Übung und Verzicht* von sich selbst frei zu werden, ist das Erlöschen von im Lebens-Vollzug sich etablierten Zwiespältigkeiten. Achtsame Aufrichtigkeit lässt in Verbindung mit der sich geläuterten Intentionalität die das Leben stützenden Akte – frei von offensichtlicher und getarnter Unterdrückung – setzen. Die im Leben-Selbst verankerte Intentionalität erhält ihre Orientierung vom Lebens-Impuls um seines Gedeihens willen. In solch einer sich vollziehenden Bewusst-Werdung verliert das Ich-zentriert-sein seine Einfluss-Sphäre und ist auf dem Weg, auszutrocknen. Infolgedessen aktualisiert sich die Identität der Kern-F als eine authentische Manifestation des Lebens aus ihrem Verwiesensein.

Anmerkungen

Anstatt eines Vorwortes (S. 7-12)

[1] → Jes 58,1-14

[2] Jak 4,5b

[3] Jak 4,3

Zwei Welten (S. 32-39)

[1] → Weish 1-2

[2] → 2Kor 3,1ff

[3] → 1Kor 13,1ff

[4] Gen 1,26f

[5] → Gen 2,15

[6] → Röm 1,18-21; 8,19-22; 2Kor 5,17; Gal 6,15

[7] Kol 3,9-10; → Eph 4,24

[8] → Joh 16,12-15; 1Joh 5,1-8

[9] Meister Eckehart, Deutsche Predigten, Diogenes, S.444

Das Identische (S. 41-49)

[1] →Kol 3,5

[2] → Dnt 30,11ff

[3] → Mt 4,4, 1 Joh 2,5

[4] 2 Tim 2,13

[5] Kol 3,11

Das Erbteil (S. 50-69)

[1] → Röm 11,33-36

[2] Gal 6,7b-8; Joh 8,51-59

[3] → 1Kor 3,13-20

[4] → Mk 9,42-48

[5] → Ex 20,1-17; Jes 31,33f

[6] Röm 13,8-10; → Mk 12,28-34; 1Kor 13,1ff

[7] → Röm 1,18ff; 8,18ff

[8] → Mk 12,1-12

[9] → Röm 8,18ff; Eph 1,10

[10] → Eph 6,12

Des Lebens Gesetz (S. 70-83)

[1] → Tit 3,3-5G

[2] → The Sutra of Hui Neng, übersetzt von Wong Mou-LAM, Shambhala Bouldar, 1969: ausgelegt von den Verfassern anhand verschiedener chinesisch-japanischer Ausgeben.

[3] → Erl. 1

[4] → Erl. 24

[5] → Jes Sir 51,12c-20

Das Mit-zu-leidende (S. 84-100)

[1] → Mt 10,28: Lk 12,5

[2] → Joh 5,14

[3] → Lk 15,17ff

[4] → 2 Tim 2,13; Röm 3,3f

[5] → Mt 7,6

[6] → Mt 23,13ff

[7] → Lk 9,60a

In Finsternis (S. 107-111)

[1] → Gen 2-3

[2] Mt 11,27; → Lk 10,22

[3] Joh 10,30

[4] → Gen 2,7; 2, 15-17

[5] Mt 12,30